みんなが読みたがる文章

著◉ナムグン・ヨンフン
訳◉松原佳澄

평생 돈 버는 비즈니스 글쓰기의 힘

日経BP

プロローグ

文章を書くことはいつでも共にある

人生のタイムラインに沿って説明しましょう。

小学校の夏休みや、冬休みの宿題では読書感想文を書きます。うまく書ければ先生に認めてもらえます。

賞賛で自身の価値を高めた子どもは、承認されたいために学習意欲が高まります。

文章を書く実力だけでなく、「読む」能力も向上します。これは、親であれば誰もが望む自己主導型の学習を始めるきっかけを提供してくれます。

中学生になると記述式試験が増えます。

理路整然とした文章はいい点数をもらえます。

高校生になると、グループ研究の報告書や読書活動で感想文を提出する試験があります。これは、大学の推薦をもらうための作文です。修学能力試験〈日本の大学入学共通テストにあたる〉の非文学問題〈文学関連の問題以外のこと〉では、文章を書く足がかりとなる読書能力、読解力や語《ご》彙《い》力をテストします。当然、文章を書くのがうまければ、試験でも高得点が取れるでしょう。

大学ではレポートを、大学院では論文を提出しなければなりません。

卒業し就職するときには自己紹介書が合否を左右し、人生の行く末を決定します。

就職後はどうでしょうか？　もううんざりするような作文はなくなるでしょうか？

いいえ。ここから本格的な生存のための文章づくりが始まるのです。

出勤前からメッセージでの連絡や指示、業務の報告や指示をするメールの作成、業務報告書、顧客への投資計画書や提案書など、小さなものから大きなものまであります。**もちろん、文章をうまく書ける人は昇進も早く、たくさん稼げる可能性が高いです。**

はたして、そこで終わりでしょうか？
いいえ、仕事をしながら副業を見つけたり、事業を始めたり、退職して農家になったりと、第2の人生を準備するときは、政府支援事業計画書を作成しなければいけません。

人生において、文章を書くことはいつでも共にあり、とても大きな影響を及ぼすのです。まさに、生きるための文章です。学生のときは作文を避けたり、書くのが得意な友人に頼んだりしていても、卒業後は自分の手で責任を負わなくてはなりません。

先輩たちは「私たちのときは、文章が上手ではなくてもどうにかやっていたよ」と言います。その通りです。しかし、それは第三次産業革命の時代でした。先進国についていくファースト・フォロウ（first follow）の時代、断片的な知識だけを要求されていた社会でした。
しかし、人工知能に代表される第四次産業革命時代の今は、先進国と同等に新たなコンテンツ内容を競争する時代です。文章を書くことで、ストーリーテリングが要求される社会なのです。

もうおわかりですよね？

文章を書かなければ、あなたに与えられた機会を手にする確率が低くなります。

機会を逃したらどうなるでしょうか？

最近発表された国際レポートをゆっくり読んでお考えください。

国際成人力調査（ＰＩＡＡＣ、16～65歳の成人が対象）の読解力に伴う経済力レポートによると、「読解力の高い人（上位11・8％）が読解力の低い人（下位3・3％）よりも平均時給が60％以上高く、読解力の低い人は失業者になる確率が2倍以上高い」そうです。

読解力は読書の条件であり、文章を書くうえでの必須要素です。

拡大すれば、これからは文章を書けるか書けないかという小さな差が、富の獲得格差へつながっていくという意味でもあります。ですから私たちは書かなければならないのです。

それも、読者が没入し、時間が経つのも忘れて読むくらいに、ものすごくおもしろく書かなければなりません。とことん読者に合わせた文章を書くのです。

文章を書かなければならない理由はわかった。

けれどどうやって始めたらいいかわからない？

まずは本書を読んで、一行書くことから始めましょう。

少しでいいのです。パソコンのモニターに「文章を書きはじめます。」と、たった一文書けばいいだけです。

これがあなたの人生を変えるポイントになります。すぐに富を築くことはできませんが、昨日とは違う自分を発見できるはずです。


文章が、作文の人工知能であるチャットＧＰＴと出会ったらどうなるでしょうか？

チャットＧＰＴのせいで、もう書く仕事はなくなった、と言う人がいます。

はたしてそうでしょうか？

文章は考えを込める器、一方チャットＧＰＴは知識といえます。チャットＧＰＴの知識を文章という器に入れたとすると、何が起こるでしょうか？

化学反応が起こります。

まずインスピレーションが浮かんで、連鎖反応を起こし、立て続けに創造的なアイディアや深い洞察をつくり出します。

すなわち、作文とチャットＧＰＴの出合いは、中世の錬金術師が得られなかった、金をつくる化学公式です。人間は洞察と創造という金をつくる化学公式を、人工知能を通じて初めて手にしたのです。

一行の文章を書くことから始め、チャットＧＰＴと、小説、ウェブ小説、童話、人文書を書くことまで挑戦すれば、あなたもインスピレーションから創造力と洞察力を手に入れられるかもしれません。

それでは、始めましょうか。

LEVEL 1
文章を書ける人が勝つ時代

LEVEL 2
あなたの思考を爆発させる基礎7つ

文章がうまい人が書く前にしていること

LEVEL 3

LEVEL 4 プロが身につけている高度スキル

LEVEL 5 実力をつけるためには、たくさん読む

LEVEL 6 みんなに読まれるあなたの文章

チャットGPTを使いこなせれば、夢が叶う

LEVEL 7

・〈　　〉は訳注
・本文中の訳は、記載がないものは翻訳者訳
・本書の情報は基本的に2024年7月時点のものです。

LEVEL 1

SOUBI>>BUNSYOU WO KAKERU HITOGA KATSU

SOUBI>>BUNSYOU WO KAKERU HITOGA KATSU

文章を書ける人が勝つ時代

01 なぜ今すぐに文章を書かなければならないのか

文章を書ければ、延びた寿命も豊かになる

最近「なぜ文章を書かなければならないのか」を、再度考えるきっかけになったことがありました。

小説の『チソン、愛してるよ』（金重明訳、アスペクト、2004年）、『かなり素敵なハッピーエンディング』（未邦訳）を執筆したイ・チソンという人がいます。彼女は兄と一緒に帰宅していたときに、焼酎を5本も飲んで泥酔した運転者によって、事故に遭いました。不幸に見舞われた当時22歳の彼女は、全身の55%に大火傷を負いました。治療のために8本の指

を切断したといいます。死の淵をさまよい、目を覚ましてからは地獄での罰のような、皮膚をえぐる火傷の治療を受けました。

先の見えない治療と恨みと絶望のなかでも、彼女は残りの人生を被害者として生きたくないと決心しました。そして書いたのです。こうして誕生した『チソン、愛してるよ』は40万人の読者を泣かせたベストセラーになりました。

もうひとりは、自己啓発系YouTubeチャンネル「チョ・グァンイルTV」を運営する、1949年生まれの作家チョ・グァンイルです。30歳のときに『顧客応対』という本でデビューしてから休まず執筆し60余冊を出版して、現在は講師として活動しています。一説によれば、年収は1億ウォン〈およそ1100万円〉を超えるそうです。

年齢を重ね、体が思うように動かなくなっても、人生を祝福だと思いながら、若いころよりも密度の濃い人生を送る人は彼らのように多くいます。

彼らの人生を豊かにしているものは何なのでしょうか。

理由はいくつもあるでしょうが、その中のひとつは文章を書いてきたか、書いてこなかったかにあります。

文章を書くことが第2の人生を克明に変えます。イ・チソン作家やチョ・グァンイル作家のように、今現在この瞬間と延びた寿命を祝福だと思える人生を送りたいのなら、**今から準備しなければなりません**。

自分とは関係ないと思うかもしれませんが、そうではありません。なぜ書くことが必要なのか、お教えします。

文章さえ書ければ、仕事に困ってもなんとかなる

私たちが第2の人生を始める時期は、60歳になる前にやってくるでしょう。早い人は30歳から始めなければならないかもしれません。

その理由はふたつあります。

—1— 企業の寿命が短くなった

アメリカの企業の寿命は1935年には90年、1970年には30年、2005年には15年と徐々に短くなっています。

これからはどうでしょうか？

さらに短くなるでしょうか？

これらを見守ってきたAmazonの前ＣＥＯジェフ・ベゾスは言いました。「Amazonもいつかは潰れる」

ー2ー人工知能が主体となる第四次産業革命が起こった

人工知能はまず弁護士、医師、薬剤師、トレーダーのような高職能、高収入の仕事を担うようになり、次に低職能、低収入の仕事を代替するでしょう。ふたつの事例で説明します。

まず高職能、高収入の事例です。

２０１３年、投資銀行のゴールドマン・サックスに、Kenshoという人工知能が入社しました。Kenshoは入社後たった3時間20分で、６００人のトレーダーが1カ月かけて処理する仕事を終えてしまいました。

その結果、５９８人が退職し、ふたりだけがKenshoを補助するために残ったのです。

２０１６年にはＩＢＭがつくった人工知能Lawsonがニューヨークのとある法律事務所

に入社し、韓国では嘉泉《カチョン》大学の吉《キル》病院で人工知能の医師 Watson が導入されました。

低職能、低収入の事例では、食堂やコンビニで注文を受ける、タッチパネル式セルフレジや無人店舗などが代表的です。低職能、低収入の仕事の代わりはすでに用意されています。しかし、人間の労働力のほうが人工知能を導入する費用よりも安いため、現状維持されているだけなのです。

企業も無人自動化の導入で人の労働を代替できるところを、社会的な衝撃を緩和するために政府支援に留めています。

２０２１年10月、ジョブコリア〈韓国の求人サイトのひとつ〉のアンケート調査によると、今後人工知能やロボットに取って代わられる可能性の高い職業分野や産業の１位は各種生産業と金融業が占めました。チャットＧＰＴに代表される生活の中の人工知能は、私たちの仕事をさらに不安なものにしています。

ここまでを整理してみましょう。

「今の大人たちは、いつでも人工知能や機械と交換可能である。人件費が交換するための費用よりも高ければ、今すぐにでも。さらに、学校で学んだ技術は、卒業もしないうち

に使いものにならなくなるかもしれない。就職しても会社の寿命が短いために、すぐに次の職場の準備をしなければならない」ということです。

ここからひとつの教訓を得ることができます。

「今生き残るために、いつでも学び、身につけ、準備をしなければならない」

これはブルーカラー、ホワイトカラーを問いません。

『サピエンス全史』（柴田裕之訳、河出書房新社、２０１６年）の著者ユヴァル・ノア・ハラリはこう言いました。「現在学校で習っていることの80〜90％は、子どもたちが40代になるころ、まるでムダになっている可能性が高い。**一方で、授業時間ではなく休み時間に学んだことのほうが、大人になったとき、より役立つだろう**」（翻訳者訳）。彼は何の理由もなく言ったのではありません。

文章という強力な武器で自分を武装しよう

おわかりいただけましたか？

あなたが今すぐにでも機械や人工知能に押し出されて、路頭に迷い、新しい人生を生き

なければならなくなったら、そのとき、**あなたにとって大きな武器となるのが「文章力」なのです**。

「人工知能により、職場や職業を失うかもしれないことは認める。しかし、なぜ『文章力』が再就職や生存の役に立つのか？」と聞きたい人や、私の主張があまりにも飛躍していると言う人もいるでしょう。そんな方のために、ある企業家の事例を挙げて説明しましょう。アメリカのある研究者は、2025年には大企業がほぼなくなり、フリーランスやひとり企業が市場の大部分を占めるだろうと言いました。予言通り、技術は日々新しくなり、変化した技術を教育する「ひとり企業」が多くなりました。ひとり企業には、月1000万ウォン〈約110万円〉稼ぐスマートストア、YouTubeをうまく撮る方法、ブログが検索上位に出てくる方法、Instagramフォロワー数を1万人にする方法などを教えてくれるものもあります。これらの共通点は、ほかの人よりも新しい技術を早く身につけた人が、体系的に教えてくれることです。

ここでまず、体系的に教えるために、「文章」が役立ちます。

また、自分の得意な分野について本を書いたりブログを連載したりすれば、専門家とし

て認められ、同じ水準の講師よりも多くの報酬を得たり、多くの講義を受け持ったりすることができます。文章が、報酬に直接影響を与えるのです。

今すぐ、誰でもできる

文章に関連した私の経験をお話しします。2005年に子どものおむつ代でも稼ごうと「清州《チョンジュ》市の生ごみ削減公募展」に出品したら、どういうわけか1位になりました。

このとき、頭の中で考えるだけではなく、書いて考えを整理し、文章で表現することが重要なのだと気づきました。なので、休まず文章を書きました。

書く能力が伸びてくると、さまざまな公募展に出品するようにしました。そのうち当選するようになり、小遣いを稼いで海外旅行にも行けました。

私の頭の中の知識を整理して出版した本が4冊あります。

兵役中に学んだヘリコプターエンジン整備についての本、『ヘリコプター操縦士と整備士なら必ず読んで覚えておくべきヘリコプターのエンジン原理』（未邦訳）と『航空整備士回転翼免許　口述試験対策』（未邦訳）、日頃から関心のあった特許と知的財産権についての

『特許・知的財産権で一生稼ぐ』（未邦訳）、人工知能の時代に子どもたちに何を教育すべきか悩んで書いた『ハーバードキッズ上位1％の秘密』（未邦訳）です。それぞれ電子書籍や紙の本で出版し、ベストセラーになりました。

本を出版するようになり、文章を書くことがとても良い副業になることもわかりました。一部の人は、仕事をしながら本を出版し、それを足がかりに講師の仕事につなげ、第2の人生を準備しています。『追われない50代を生きる方法』（未邦訳）のイ・モグォン作家、『私の人生の砂漠を駆ける』（未邦訳）のキム・ギョンス作家が代表的です。

私にとって先輩のような方たちであるお二方に尋ねてみると、退職を恐れることはなく、むしろ待ちわびていたそうです。キム・ギョンス作家はYouTubeも運営しています。

うまく文章を書ければ、職場で認められるだけでなく、第2の人生を準備する大きな武器になります。静かにパソコンをつけ、キーボードを叩くだけで副収入が入ってきます。

今日も部屋の片隅で、人知れずNジョブ〈副業や趣味を楽しみながら兼業すること。韓国のスラング〉を始めます。機械式キーボードの音が部屋に響きます。

文章を書くことは、人に知られても、堂々と言える仕事です。たとえ副収入を受け取れなくても、文章への自信がつき、チャレンジ精神が生まれます。

私はパウロ・コエーリョの『アルケミスト　夢を旅した少年』（山川紘矢、山川亜希子訳、KADOKAWA、1997年）のような本を書くのが、人生の最終目標です。書けば、人気ウェブ小説『全知的な読者の視点から』のsingNsong作家のように、100億ウォン（約10億円）台の売り上げを出せるかもしれませんよ。

あなたも本書を読み、パソコンの横に置いて、ときどき参考にしながら文章を書けば、私より先に億レベルの副収入を得て、経済的な自由を手に入れられるかもしれません。

文章を書くことが、あなたの人生をひっくり返す、もっとも簡単な「巨人の道具（頂点に登りつめた成功者の秘訣）」なのです。

02 文章を書くなら、みんなが読みたがるものを

文章がすべての夢のカギ

2021年、私は『ハトぽっぽの夢』という童話で国務総理賞を受賞しました。大統領賞の次点で2位です。賞状と賞金、そして韓国を代表する文人協会に加入できる資格を得ました。作家たちの望む、登壇のチャンスを得たのです。

登壇について少し説明します。

登壇とは、韓国と日本だけにある独特の制度で、アマチュア作家が文壇に登り、プロになることをいいます。昔は、新聞社などが主催する大会で入選できなければ、登壇できず

本を出すことはできませんでした。登壇していない作家の原稿は出版社にまったく見てもらえなかったのです。

プロ作家を夢見る私に、登壇の機会がやってきました。

さて、私はすぐに文人協会に加入したでしょうか？

私は次のふたつの理由から加入しませんでした。

―1― 登壇しなくても実力さえあれば本を出版できる時代になったから

―2― 文学ではなくビジネス作文を書くから

お金になる「ビジネス作文」を書こう！

ひとつ目の理由は理解できても、ふたつ目の理由が難しいかもしれません。ビジネス作文は、私がつくった言葉です。

文学とビジネス作文？　どのような違いがあるのでしょうか？　まずは文学の定義を確認し、ビジネス作文を書くことを分析してから、両者の違いを説明しましょう。

文学とは何でしょうか？

じつに難解です。日常で耳にする言葉なのに、いざ説明しようとするとうまく説明できません。ここでは簡単に短く定義されたものだけ見ていきます。まずは辞典の定義から見ましょう。

文学：事象や感情を言語で表現した芸術。またはその作品。詩、小説、戯曲、随筆、評論などがある。（『標準国語大辞典』）

単純明快ですが、何か物足りません。高校生用の文学本に書かれている文学の定義を見てみましょう。

文学（文學、英語：literature）は、言語を芸術的表現の題材として新たな意味を創出し、人間や社会をありありと描写する芸術の下位分野である。（チョ・ナムヒョン、『高等学校の文学（上）』、末邦訳）

これらの定義には共通して「芸術」という言葉が入っています。文章を書くことを芸術としているのです。

次に、ビジネス作文を分析します。まずはビジネスという言葉の定義から見ていきましょう。

ビジネス：ある仕事を一定の目的や計画をもって持続的に経営すること。またはその仕事。=事業。（『標準国語大辞典』）

欲しい答えにはまだ遠いので、英英辞典の定義を見ます。

business : the activity of making, buying, or selling goods or providing services in exchange for money.（『NAVER英英辞典』）

翻訳：金銭を対価に商品を制作、購入、販売したり、サービスを提供する行為。（Google翻訳による）

ビジネスの意味と作文を合わせると、ビジネス作文とは「金銭を対価に文章を書く行為」と定義することができます。意訳すれば「経済的利益のための作文」です。

ふたつの説明を合わせて、いま一度整理しましょう。

「文学は芸術のための作文で、ビジネス作文は経済的利益を得るための作文である」

勘のいい人は、私がなぜ文人協会に加入しなかったか、ピンときたはずです。**私は芸術のために文章を書くのではなく、経済的利益を目的に文章を書くのですから。**

読まれる文章でなければ意味がない

あなたにはまた別の疑問が浮かんでくるでしょう。浮かんでこなければいけません。

次のような疑問です。

「童話を書いているのに、それがどうしてビジネス作文だといえるのだろうか。童話は文学的な作文ではないのか？」

この問いは、文章を書くことに対するふたつの偏見によって発生します。

―1― 文章を書くことを文学という芸術の範疇《はんちゅう》に閉じ込めているという偏見

2 ビジネス作文を報告書、企画書、計画書のような、会社で使用する文章でしか考えていないという偏見

このふたつを説明する前に、ひとつ質問します。

「作家が本を書き、出版する理由は何でしょうか？」

いくつかの理由が考えられますが、**作家が望む望まないにかかわらず共通する理由は、資本を得るためです**。資本を得られなければ、作家は創作活動ができません。これが資本主義社会に生きる作家たちの現実です。

つづいて、ふたつ目の質問です。

「では、どうやって文章を書けば資本を得られるでしょうか？」

読者がその文章を読まなければなりません。しかも、徹底的に没入して読んでもらわなければならないのです。自分の書く文章を気に入った読者が、次の文章はいつ出るのだろうと待ちわびるようにするのです。

文章は読まれてこそ資本となる。

読者がそっぽを向いてしまう文章は不要な文章なのです。文章が読まれれば本がたくさ

ん売れ、閲覧数が増え、講演会のオファーも増えるでしょう。

最後に、3つ目の質問です。

「どのように文章を書けば、読者は読んでくれるでしょうか?」

読者が気軽に手軽に読めて、引き込まれる文章を書かなくてはなりません。とことん読者の立場に立つのです。

短期間に100億ウォン〈約11億円〉を稼いだウェブ小説『全知的な読者の視点から』は、典型的な読者のための文章です。読者が読みやすいように、短い文章やセリフで展開し、仕事のストレスで疲弊した読者を、しばしファンタジーの世界へといざないます。

このようなウェブ小説の登場により、これは純文学なのか文学ではないのか、という分類が始まりました。

私はこの分類があまり好きではありません。読者が読んでくれなかったら、文学はどうやって存在しうるのでしょうか。

重要なのは、今の時代、純文学はお金にならないからと、純文学志向だった作家たちが大挙してウェブ小説に転向したことで、純文学とウェブ小説が同化しつつあるという事実

です。

読者に読まれない文章はお金にならないということに、作家が気づいているのです。

私がなぜビジネス作文を書くのか、もうおわかりですよね。

私は童話を書く前に、子どもが好きな事例、動物、文体を徹底的に研究します。芸術が目的でない、子どもたちが選び好んでくれる文章を書く努力をします。

このような理由から私はビジネス作文を書いているのです。

最後に、「文章」を文学の枠にはめ込む偏見のせいで、どのような問題が発生しているかをお話ししましょう。

文章を書くことは、人間が現代社会で生きていくために覚えなければならない算数のような知識であり技術です。これを芸術の枠にはめ込んでしまうと、文章を書く人というのは自分とは違う人間なのだと思い、さらには「私が文学だなんて」と、みずからはねのけてしまいます。

ここまではまだいいでしょう。問題はここからです。

恐れを知った人々は、文章を学ぶこと自体を放棄してしまいます。本書でこのような偏見をなくし、ビジネス作文を書く新たな人生を計画し、夢を叶えてください。

03 生き残れるのは、文章を書ける人

文章が書けることは、あらゆる場面で収入に直結する

第四次産業革命時代において、文章が書けることは必須条件といえます。しかし、肌感覚でそうは感じていないのではないでしょうか。まだ他人事のようではありませんか？

私の経験を3つお話ししましょう。そこからあなたが判断してください。


ひとつ目の話です。

「なあ、これちょっと書いてくれよ」

「先輩、先輩の会社のことなのに、どうして僕が書くんですか？」
「俺に書けるわけないだろ、文章書くのが得意なお前が書いてくれよ。おおまかな状況を教えるから、労働基準監督官にちゃんと伝わるように書いてくれよ」
「わかりましたよ」

違う会社に勤めている先輩が、会社側から不当な扱いを受けたときのことです。雇用労働部〈日本の厚生労働省にあたる〉に是正の申請をしなければならなかったのですが、それがうまく書けないと私に頼んできたのです。

韓国は国民の請願申請制度が機能しているので、インターネットに接続して文章をアップするだけのことです。

しかし、文章を書くことのプレッシャーが強すぎて、先輩は会社からの不当な扱いに耐え続けていました。「ささいなことだから我慢していればいいよ」と言っていましたが、これでは会社の不当行為よりも文章を書くほうが恐ろしいと言っているようなものです。

ふたつ目の話です。

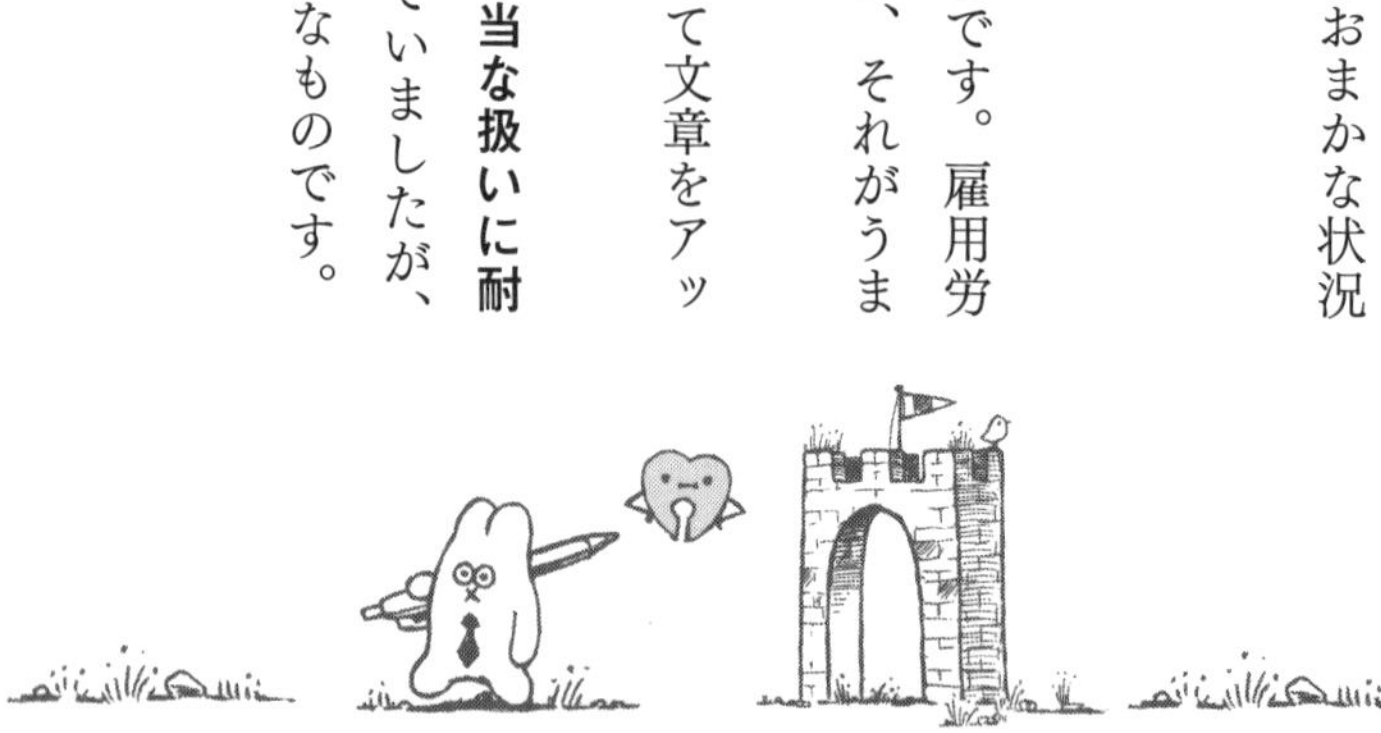

「2週間だけ頑張って文章を作成して提出すれば、支援金が5000万ウォン〈約560万円〉出るのに、それでも書かないのですか」

「普通に仕事して稼げばいいよ、そんなことまでしなくても。他の店はやってるみたいだけど、おれは別に」

「おじさん、書類を作成して申請すれば5000万ウォンですよ。5000万ウォンあれば、お店に新しい機械をひとつ買えるのに、やらないんですか？」

「そうか、その考えはなかった。もう数日多く働いて稼げばいいだろう！」

機械の部品加工業をしているおじとの通話でした。おじは社員4人の小さな会社を経営しています。

国は小さな事業体のために多くの支援金制度を用意しています。貸与《たいよ》ではなく、使ってくださいとくれるお金です。申請するように促しましたが、おじは首を横に振り続けました。おじは本心から、5000万ウォンを働いて稼げばいいと考えていたのでしょうか。

政府支援金の種類は産業系、大学、芸術系などさまざまです。

政府が決めた条件に合わせて文書を準備し申請すればおしまいです。支援金の制度を知っている人たちは自分のお金をかけずに事業を始めます。身銭を切って事業を始める人

を馬鹿だと言う人までいます。

申請する人としない人、彼らを分けるものは何なのでしょうか？

文章への自信です。おじは、何でもない文章を書くだけでも負担なのに、政府に提出する書類だという恐ろしさから早々に諦めてしまったのです。


3つ目の話です。

「妻が公務員の志望願書を出すんだけど、自己紹介書が必要で。一度読んでみたんだけどいまいちなんだ。君が書いてくれないか？」


親しい友人から久しぶりに電話がきたと思ったら、奥さんの自己紹介書を書いてほしいと言われたときのことです。

どこへ就職するにも自己紹介書が必要な時代になりました。有名幼稚園、有名大学の入学にも自己紹介書を書かなくてはならないというジョークもあるほどです。何年間も試験の準備をしている受験生と就職準備生は、自己紹介書に敏感にならざるをえません。

問題は、私たちが文章の教育を受けていないところにあります。

中途半端な文章の実力で、人生を左右する自己紹介書を書けと？　自信なんてありませんよね。

添削を受けようとすると費用も安くはありません。結局、不安な気持ちで大金をはたいて、専門家に自己紹介書の代筆を頼むのです。

問題はさらに発生します。代筆された自己紹介書の内容は似たり寄ったりになるのです。

自己紹介書の代筆者が、ひとりひとりインタビューして代筆するでしょうか？

代筆者はありがちな内容を引っ張り出してきて、似たような事例を組み立てるだけです。

文章がうまく書けないのはあなたのせいではない

文章を難しくしている理由はふたつあります。

—1— 文章の書き方を習ったことがない

小学校で、読書感想文の書き方を習ったことがありますか？

簡単に、読書感想文とはこういうものだ、とは教わったかもしれませんが、書き方まで

は教わった記憶がありません。

さらには、教わってもいないのに作文コンクールを開いて評価だけをします。私は賞をもらった子たちを見て「自分とは違う世界の子なんだな」と思いました。

―2― 作文を文学の範疇《はんちゅう》だと思っている

国語の時間に解釈し、習った文章は、どれも文学的価値の高い文章です。このような文章のことだけを考えると、「文章は文学する人だけが書くものなんだな」と思ってしまいます。

また、教わったように書かなければならないという考えが、作文をより恐ろしいものにし、書けなくしてしまうのです。

つまり、文章が書けないのは、あなたのせいではないのです。

論理的な文章は、誰にでも書ける

一度も文章を書いたことがない人でも、書けるでしょうか？

はい、書けます。

それも短い期間で。早くて1年以内に、ユ・シミン作家〈『逆から読む世界史』をはじめ、出す本はほとんどベストセラーという、韓国を代表するノンフィクション作家〉のような文章を書けるようになります。

『ユ・シミンの作文特講』（未邦訳）で、著者は作文を文学的作文と論理的作文のふたつに分けています。そして論理的作文は、努力さえすればユ・シミン作家のエッセイほどの文章が書けるようになるというのです。信じられないでしょう？

説明のために文学的作文と論理的作文をわかりやすく分けてみました。

文学的作文：小説、戯曲、詩（芸術に関係する文章を含む）

論理的作文：エッセイ、評論、報告書、コラム、判決文、案内文、使用説明書、報道材料、論文など

文学的作文には、才能が必要です。一生懸命書いたからといって、詩人のアン・ドヒョンや小説家の趙廷來《チョジョンネ》、朴景利《パクキョンニ》のようになれるわけでもありません。彼らの想像力、感受性などをまねるのはあまりにも難しいことです。音楽の作法を習ってもモーツァルトのように作曲できないのと同じです。

一方、論理的作文とは日常的に使う作文のすべてで、機能的な領域の文章であることがわかります。論理的作文は、壁にタイルを貼ったり、レンガを積み上げたりするのと同じです。

努力さえすればできるようになります。

何回練習すれば習得できるのか、が違うだけです。

練習すればユ・シミン作家のエッセイのような文章が書けるのに、「私とは関係ない話だ」と言って何もしないのはもったいないことです。

04 文章は人間が創造するものの中で、もっとも素敵なもの

文章が書けると、あなたの人生はもっとよくなる

文章を読んでいると、世俗的な成功に関心のない、ただ好きで書いたような文章をよく見ます。とくに、ブログやブランチ〈韓国の大手ＩＴ企業カカオが運営する文章投稿サイト。審査を通過した人だけが文章を投稿できる〉で。

なぜ人々はこのような文章を書くのでしょうか？

私の質問にすでに答えてくれている作家がいます。『一九八四年』〈［新訳版］高橋和久訳、早川書房、２００９年〉で有名なジョージ・オーウェルです。

彼はエッセイ「なぜ書くか」で、文章を書く目的を4つ挙げています。

1 純然たる利己心

言葉の通り、目立とうとする一種の顕示欲《けんじよく》です。私はこんなに賢いのだとひけらかす。死してなお、立派な人間であったと記憶されることを願う。

政治や科学など、ある分野についての内容をブログに投稿し続け、専門家であることをアピールするような人が例に挙げられるでしょう。

2 美学への情熱

自身が見て感じた美しさを文章で表現しようという欲求です。意味や価値があると思う考えを、文章で他者と分かち合うことです。

「エリーゼのために」という曲をつくって、片思いのつらい心情を表現したベートーベンのように、私たちは文章で表現します。また、詩のように、言葉の組み合わせによって生まれる美しさのことをいいます。

―3― 歴史的な衝動

事物をありのままに見て、真実を見つけ出し、それらを後世に伝えるために記録する欲望のこと。永遠への渇望です。

―4― 政治的な目的

どのような社会を目指して奮闘しなければならないのか。文章を通して人々を説得し、変化を与えたい欲望です。

オーウェル自身は、利己心、美学への情熱、歴史的な衝動から書いたといいますが、最終的には4つ目の目的、つまり政治的な目的で文章を書くことになったそうです。『一九八四年』は全体主義の批判、『動物農場』（［新訳版］山形浩生訳、早川書房、2017年）は共産主義の批判、『カタロニア讃歌』（都築忠七訳、岩波書店、1992年）はスペイン内戦、ファシストに対する抵抗の記録であり、代表作すべてが政治的な目的の文章です。

その他には、1980年に亡くなったフランスの哲学者ジャン＝ポール・サルトルや『孤

将』（蓮池薫訳、新潮社、2005年）で有名な金薫《キムフン》作家も文章を書く目的について語っています。

　まずジャン＝ポール・サルトルは、言葉を「事物的言葉」と「道具的言葉」に分類しました。そして、「事物的言葉」は何の目的も持たない言葉、自己満足のための言葉だとして、詩を例に挙げました。

　反対に、「道具的言葉」は明確な目的を持つものです。人の考えを変化させ、世界を変えようとする、意志の込められた言葉のことです。「道具的言葉」には散文があります。サルトルは生涯「道具的言葉」である散文を書きましたが、「事物的言葉」である詩は書きませんでした。

　いかがでしょうか？

「事物的言葉」はジョージ・オーウェルが挙げた文章を書く目的の中の純然たる利己心、美学への情熱、「道具的言葉」は政治的な目的と同じではありませんか？

　次は金薫です。彼は『ラーメンを作りながら』（未邦訳）というエッセイを出版後、テレビ出演し、自身が文章を書く理由をこう話しました。

「私は世論の形成を目的として文章を書きません。ただ、自分を表現しようと書いてい

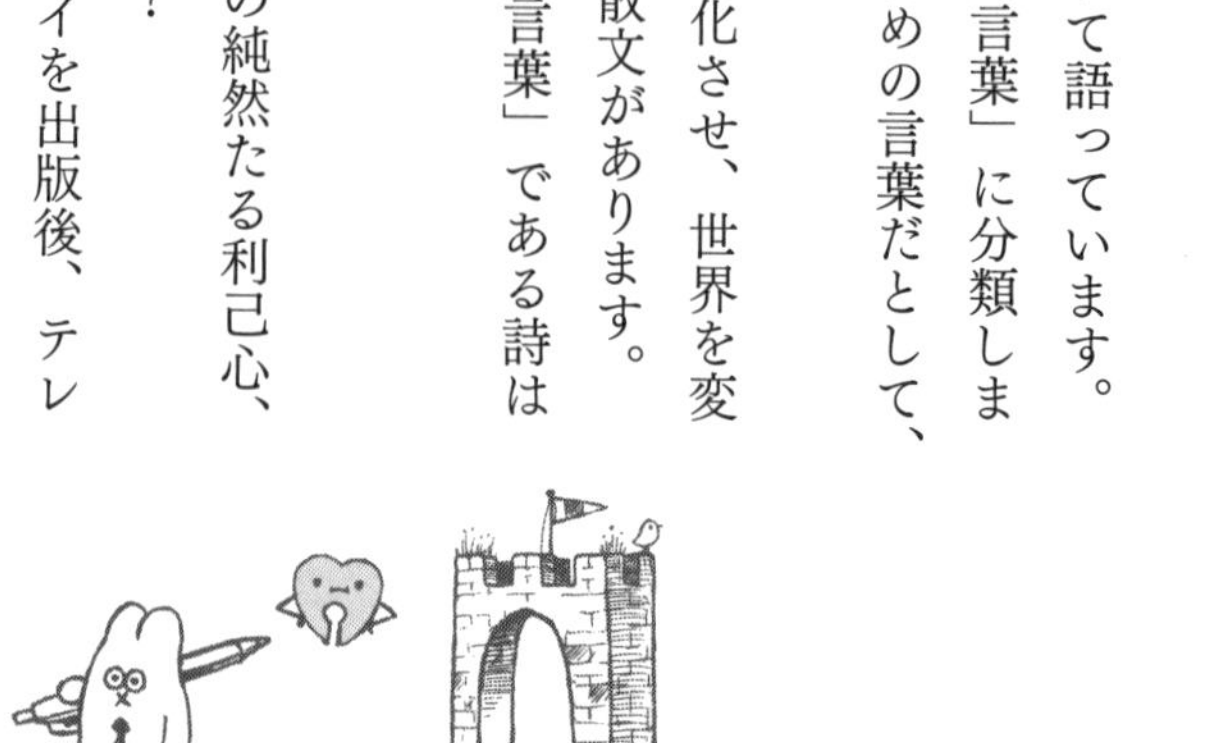

るのです」

金薫の文章を書く目的は、ジョージ・オーウェルの文章を書く目的の中の4つ目、政治的な目的を除いた、利己心、美学、歴史的な衝動の文章だといえます。

ここからふたつのことがわかります。

1 人々は各々の目的のままに書く

2 文章を書く目的は、オーウェルの4つの範疇《はんちゅう》を超えない

文章を書く意味は、いつ何時も崇高なわけではありません。**大作家たちも各自の目的のままにただ書いているのです。**

「私が文章を書く目的は不純ではないか」と不安に思う必要もありません。気楽に、心の向かうままに、書きたいままに書きましょう。

欲をかきたければ欲をかきましょう。

美を描きたければ美を描きましょう。

歴史的な記録を残したければ残しましょう。

文章を書くことそれ自体が、あなたに多くのことを与えるはずです。

文章を書くことは、幸福以上を追求すること

文章を書くことは、それぞれの目的の追求であることがわかりました。

文章を書き続ける人々を見ていると、文章を書くという行為自体に何かがあるのだろうかという疑問が湧いてきます。真の「書くこと」には、文章を書かせるように惹きつける何か、奥深い何かがあるのでしょうか？

『モンシル姉さん』（ピョン・キジャ訳、てらいんく、2000年）や『こいぬのうんち』（チョン・スンガク絵、ピョン・キジャ訳、平凡社、2000年）で有名な童話作家クォン・ジョンセンのエピソードを紹介しましょう。

彼は、貧しい中、国民学校〈現在の小学校にあたる〉を辛うじて卒業しました。幼いながら、材木売り、さつまいも売り、たばこ売りと、とにかく大変な労働をしました。18歳のときには胸膜炎と肺の病を患いました。

当時は、保健所にも抗生剤が不足していて、同じ病に罹《かか》っていた子がひとりふたりと亡くなっていきました。息をのんで彼らを見守っていたクォン・ジョンセンも、腎臓結核と膀胱結核で身体はぼろぼろになり、生涯排尿痛に苦しみました。

弟や両親にこれ以上迷惑をかけたくなくて命を断とうと3カ月間旅に出た先で、逆に多くの人に助けられます。空っぽの缶にごはんをぎゅうぎゅう詰めに入れてくれたおばさん、空腹で倒れているところに水を汲んでくれたおばあさんなど。

両親が亡くなると、鐘つきとして、教会に付属している土塀の家に住まわせてもらいました。

冬になると凍傷になるほどの粗悪な家でした。しかし、孤独な彼に友だちをつくってくれました。夏には、通り雨が降ると穴が開いた障子紙のあいだから入ってくる雨蛙、冬には、寒さに耐えきれず脇に入りこんでくるハツカネズミたちがいました。彼はハツカネズミに情が湧き、えさを寝床の足もとに置いて待っていました。

彼は、激甚《げきじん》な苦痛のなかでも共にいた雨蛙やハツカネズミ、セミの幼虫を友に見立てて物語をつくり始めました。1969年、月刊『キリスト教教育』で、短編童話『こいぬの

うんち』が第一回児童文学賞を受賞しました。『こいぬのうんち』の主人公は、白い子犬が出していった何でもない「うんち」でした。

1981年、『ムンシル姉さん』などのベストセラーを執筆し、数億ウォン〈約数1000万円〉の印税を受け取っても、彼が住んでいたのは教会の裏にある小さな土の家でした。

生涯つましい暮らしで、いつも同じ服を着ていました。近所の人は、彼が貧しい人だとばかり思っていたそうです。彼の財産は遺言通り、韓国、北朝鮮や紛争地域の子どもたちのために使われています。

人々が彼の童話を読んで、子どもが読むには暗すぎるのではないか、と言うと、こう答えたといいます。

「童話がなぜこんなに暗いのかって？　それが真実なのだから、子どもたちに隠すことだけがいいことだとはいえないでしょう。いい文章とは居心地の悪さを感じる文章なのです」

クォン・ジョンセンのエピソードから、懐かしさ、温かさ、尊敬、憐憫、ありがたさ、充足感などの言葉が浮かんできませんか？

私はハツカネズミのために、部屋の一番暖かい場所にえさを置いておくという表現にむせび泣きました。

彼は貧しくても、美しく、感動的な文章を残しました。私たちが考える真の求道者の生き方でしょう。

クォン・ジョンセンが文章を書く理由は、文章を書くことで精神的な満足感以上のものを得るためだったと考えます。

このように文章を書くことで得られる満足感を、私は「よろこび」という表現で5つに分けます。ひとつずつ説明しましょう。

ー1ー成長のよろこび

文章は書けば書くほど成長し、いい文章になります。10年前に書いた文章と今の文章を見れば、成長を感じるでしょう。

一行でも素敵に書ければ、「私もついにこういう文章を書けるようになったのだな」とよろこびに包まれるでしょう。マズローの欲求5段階の最高欲求である、成長を感じるか

らです。文章を書くことで成長のよろこびを感じてください。

―2―創造のよろこび

人間は何かを創造するべきで、生まれながらにして創造せずにはいられません。

文章を書くことは創造の塊です。キーボードの上に手をのせた途端に創造できます。言葉の創造、一行の創造、文章の創造です。

偉大なコンテンツの始まりは、小さな言葉、短い文章からです。カーソルが点滅する白いモニターに、しばらくすると黒い文字が隙間なく並んでいる。すでに私たちは小さな創造をしたのです。文章というものを。

―3―没入のよろこび

没入は人間だけが享受《きょうじゅ》できるよろこびです。没入すると、時間、空間、すべてのものが止まってしまいます。頭が冴えていき、体がすっきりするのを感じられるでしょう。

没入するのにはいくつかの方法がありますが、その中のひとつが文章を書くことです。

文章を書くだけで、没入の瞬間を感じられるだなんて、すごいことですよね？

―4― 感情を排出するよろこび

文章を通して自身の感情を表現すると、不思議なことに心が安定します。

論理的に書きながら感情を整理し、事件を他者のことのように客観的な視点で見て、誰かに話をしたかのような効果によって治癒できます。これは科学的にも証明されています。

アメリカの心理学者ジェームス・W・ペネベーカーは、ふたつの集団に日記を書かせました。ひとつの集団にはその日あった出来事だけを書かせ、もうひとつの集団にはその日感じた感情を書かせました。

出来事だけを書いた集団には変化がありませんでしたが、感情を書いた集団は、精神的にも肉体的にも健康になったのです。

『死にたいけどトッポッキは食べたい』（山口ミル訳、光文社、2020年）というベストセラーがあります。ペク・セヒ作家が、自身の気分変調性障害や不安障害を治療する過程、そのとき感じたことを書いた本です。

読んでいるあいだずっと、著者の不安な気持ちが感じられました。

細密な感情表現に若者が共感して、本はベストセラーになりました。人は本を書くこと

で、健康にもなれるのだなという気づきがありました。

さまざまな知識があり、たくさん考える人だけが、深みのある文章を書くことができます。

一5一知ることと気づきのよろこび

文章を書くためには勉強しなければなりません。勉強して文章で表現すると、知識と合わさって新しい気づきを得ます。**自身が知的に成長したことによろこびを感じるでしょう。**

文章を書くだけで、あなたは新しい人生を歩むことができます。たとえ世俗的な富を得られなくても、人生にそれ以上のよろこびや満足感を与えてくれるでしょう。

最後に、この章を作家であり古典評論家であるコ・ミスクの言葉で締めくくります。

「人間が手で創造するものの中で、もっとも素敵なものが文章だ」

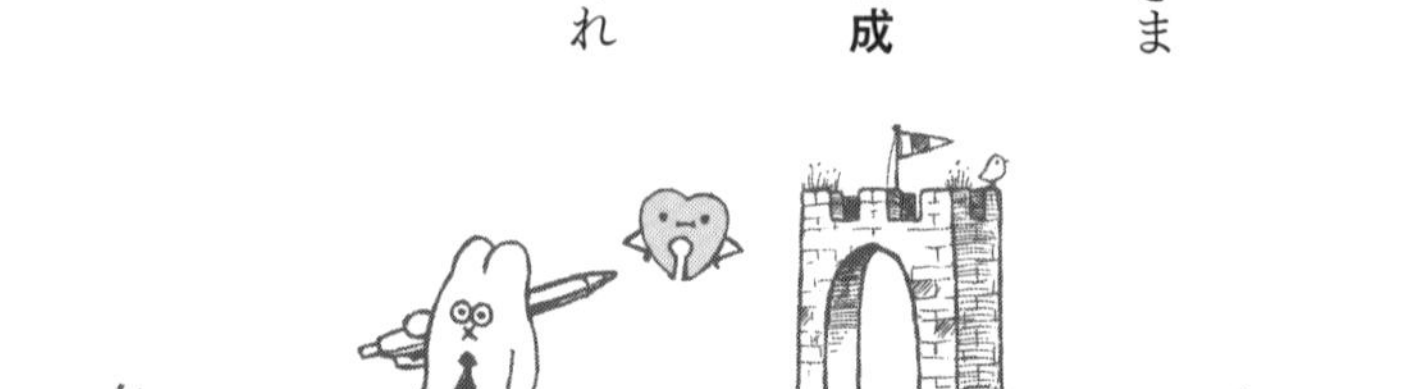

LEVEL 2

SOUBI>>SHIKOU NO KISO 7

あなたの思考を爆発させる基礎7つ

SOUBI>>SHIKOU NO KISO 7

01 まずは書こう。文章を仕上げるのは大物作家でもむずかしい

創作は、基本的に苦痛

アーネスト・ヘミングウェイ、ヴァージニア・ウルフ、芥川龍之介、川端康成、金素月《キムソウォル》。

彼らの共通点は何でしょうか？

創作の苦痛に身もだえ、みずから命を絶ってしまった作家たちです。

『ウスリオオカミキリ』（未邦訳）の李外秀《イウェス》、「鎮魂歌」（『農夫の夜―金南柱詩集』に収録、農夫の夜刊行委員会編訳、凱風社、1987年）収録の金南柱《キムナムジュ》、「猫を蒸す」（『韓国現代文学13人集』古山高麗雄編、新潮社、1981年）の金文洙《キムムンス》。

彼らの共通点は何でしょうか？

創作のためにみずから監獄に入ったり、監獄に囚われた生活を送ったりした作家たちです。

李外秀は自身の部屋に刑務所のような檻を設置して、みずから5年間の監禁生活をしながら『碧梧金鶴圖』を書いたことで有名です。その次の作品『黄金の鱗』までの4年間を合わせると丸9年、自分で自分を監禁して文章を書いていました。

なぜ私はこのような話をするのでしょうか？

彼らの文章は文学的な文章なので私たちが書く論理的な文章とは異なりますが、大物作家であっても文章を書くのは大変で、苦労しているという事実をお教えしようと思いました。

人はなぜ、書くことをむずかしがるのでしょうか。この問いに進化論的な解釈をしてみましょう。

脳は文章を書くのが面倒くさい

結論は「脳は書くことを嫌がるように進化した」です。ふたつの説明をしましょう。

1 脳は怠けるように設計されている

人類は、生まれたときから「聞く」能力が発達していました。周囲の小さな虫の音、天敵の猛獣の吠える声や足音、風の音や水の音を聞くことは生存のための必須条件でした。

脳に伝達される音を意味として解析するようになったのは、１８０万年前に「ことば」がつくられてからのことです。

一方、文字は紀元前３５００年、メソポタミア地域のシュメール人が、初めて楔形《くさびがた》文字をつくりました。英語の起源であるラテン文字やギリシャ文字は、それぞれ紀元前7世紀と8世紀につくられました。「話すこと」は１８０万年かけて進化し、「書くこと」は５０００年かけて進化したのです。いえ、５０００年のあいだ進化しなかったというのが、より正確かもしれません。

食べ物を得るのが難しかった原始時代は、エネルギーを消耗しない怠慢な個体ほど生存する確率が高まりました。それを記憶している体内のＤＮＡは、多くのエネルギーを消耗する行為を拒否します。１８０万年の過程で進化した「話す」行為はエネルギーの消耗が少ないので拒否しません。むしろ生きるために必要な行為ですから推奨されます。

一方、正しい単語を選んで文章を構成し、骨組みに沿って配列する、高度な精神活動を要する「書くこと」は、多くのエネルギーを消耗します。

当然、脳は書くことを拒否します。

―２― 予測不可能で曖昧な行為をする個体の生存確率は低い

原始時代はつねに危険が伴っていました。いつでも明確な行動が求められました。曖昧な行動は死につながるからです。

安全であるとわかっている方法、行動であれば生存確率は高まります。**先に挑戦し行動する個体が死ぬことが多かったのです**。不確実な挑戦は死ぬ確率が高いので、自然と挑戦を避けるＤＮＡが残るようになりました。

説明の通り、「書くこと」は脳が嫌がるふたつのこと、挑戦と不確実性を併せ持っています。

書くことは、どのように始めてどのように終わらせればいいのかもわかりません。最後まで書けるだろうかという不安もあります。

書いても、下手だと言われるのではないかと不安になります。

白い紙や白いモニターは心をさらに締めつけます。「書くこと」は、もっともつらい挑戦なのです。DNAはささやきます。「やめておきなよ、書かないで」と。

「書くこと」をむずかしがる根本的な理由は、脳が拒否するからだということがわかりましたね。

原始時代の生存に合わせて進化した脳は、現代には合いません。『脳はあり合わせの材料から生まれた——それでもヒトの「アタマ」がうまく機能するわけ』（マーカス・ゲアリー著、鍛原多惠子訳、早川書房、2009年）という本には、このようにうまくいかなかった進化を逆手にとってこそ現代で生存できる、と書かれています。

進化を受け入れて怠慢な人生を送るのか、**拒否して革新的な人生を送るのか**。それを決定することが、いま文章を書くか否かを決定するのです。

才能がある人は、まず書き始める人

文章を書くべきか、体は拒否します。毎回これに打ち勝って、書くのには苦労します。簡単な方法はないのでしょうか。４つの方法を提示しましょう。

—１— 脳を奇襲する

脳が認知する前に、先に書き始めてしまいましょう。脳が気づく前に行動すると、脳は当然の行動なのだと認識するようになります。

コ・ミスク作家も、とりあえずキーボードを叩き始めれば、書くことが頭に浮かんでくるそうです。**最初の一文で立ちどまった瞬間、私たちは脳に敗北します**。

とにかく何か書きましょう。題名を書くことがむずかしければ、自分の名前でも構いません。

この方法は「作業興奮理論（work excitement theory）」として証明されている方法です。

ドイツの精神医学者エミール・クレペリンは言いました。

「脳は、エンジンがかかると自動で動き始める機械だ。一度動き始めれば、脳の側坐核《そくざかく》の部位が興奮し、関心やおもしろみのなかったことでも没頭して持続できるようになる」
わかりましたか？　ためらっていては失敗するのです。

｜2｜レベルの低い文章を書いたと悩まない

初心者は文章を書きながら、つづり方が合っているのか、間違っていないかと悩みます。悩まず、文章の内容に集中しましょう。

人の認知資源は限定されていて、エネルギーを他のところで使ってしまうと、文章の質が下がってしまいます。つづり方の間違いくらいであれば、パソコンで人工知能が誤りを見つけてくれるので、内容にだけ集中しましょう。

また、「自作ダサい病」（駆け出しのウェブ小説家によく起こる、自分の文章を他人の文章と比較しては、自分の文章のレベルが低く、おもしろくなく見える現象）**を発症し、「レベルの低い文章だ！」と自分を責めて、書くのが嫌になってしまう事例もあります**。

文章は書けば書くほどうまくなるもので、大物作家でも最初はこうして書き始めたことを肝に銘じなければなりません。今私が文章を書いている、そこに意味があるのです。

推敲して整えると、意外といい文章になるものです。ヘミングウェイの言う通り、「初稿はごみくず」です。

「まずは一文だけ書こう、これが上手くいかなくても死ぬわけじゃない」の精神で始めましょう。

3 一度にひとつずつ、直列的思考をしよう

前述のように、文章を書くことは複合的な労働です。マルチタスクを要します。マルチタスクは人間にはできないことです。

「私はマルチタスク得意だけど」という人もいるかもしれません。それはマルチタスクをしているという錯覚に陥っているのです。

マサチューセッツ工科大学の脳神経学者アール・ミラー教授は、私たちの脳はマルチタスクができないようにつくられていると言いました。

ひとつの行動を毎回すばやく切り替えて行うことは不可能だというのです。

切り替えるたびに高い「認識の費用」を、多くのエネルギーで支払っています。幼いころ、テレビを見ながら宿題をしていたら、時間はかかるし、ものすごく疲れたという経験

をしませんでしたか？

脳の方式を利用して、文章を書く行為を直列的に並べ、区分しましょう。

文の組み立てを練るときは組み立てを練るだけ、初稿を書くときは初稿を書くだけ、つづり方を確認するときはつづり方の確認だけ、文章を分けるときは文章を分けるだけ、段落を分けるときは段落を分けることだけします。同時にふたつ以上はしません。

―4― 読書と質問でThink Bank（思考の銀行）に書くことを貯蓄しよう

文章を書こうとしても、本当に何も書くことがないときもあります。

常日頃、読書と自問自答でThink Bankに多様なネタを保存しておきましょう。保存しておいたものは、たちまち複利になって膨れ上がります。預金が増えれば、結局書きたくなるものです。

１９２０年代のアメリカのシナリオ作家レイ・ブラッドベリの言葉で締めます。


「文章を毎日書くこと。それから何が起こるのか見てみよう」

02 文章とは、ゼロからの創造ではなくマネすること

書くことは資料集めから始まる

丁若鏞《チョンヤギョン》、中谷彰宏、ルース・ベネディクト。
彼らの共通点は何でしょうか。
それは作家でありながらキュレーション専門家であることです。
作家はわかるけど、キュレーション？
まずはキュレーションの定義から見ていきましょう。

他者がつくったコンテンツを目的別に分類し、配布することを意味する言葉。〈中略〉多様な資料を自分だけのスタイルで組み合わせるパワーブロガー、各界各層の人々が巨大な集団的知性を形成するウィキペディア、スマートフォンを通じてテーマ別に有用な情報を集めて提供するアプリケーションなどがキュレーションの形態といえる。

――「NAVER知識百科」、キュレーション[curation]『韓国経済新聞経済用語辞典』

キュレーターとはキュレーションをする人をいいます。

作家は資料を収集するキュレーターなのでしょうか？　ピンときませんね。

私が長々と説明するよりも、チョン・ヒモ、イ・ジェソンによる『作文の戦略』（未邦訳）にわかりやすく書かれているので引用します。

多くの人は文章がまるで天才的な発想によって、あっという間に出来上がると思っているが、それこそが間違った考えだ。文章を書いた多くの人は、文章が頭の中から浮かんできたのではなく、資料から浮かんできたと言う。文章において資料探しが重要であるということは、文章がインスピレーションや天才性からつくられるのではなく、準備や努力か

らつくり上げられるものだということを教えてくれているのだ。
——チョン・ヒモ、イ・ジェソン『作文の戦略』より

文章の始まりは資料収集からです。

うまく書けないのは、まだ資料収集が足りていないためです。

資料をたくさん収集すれば、よりよい文章が書けます。10万冊の蔵書を保管するために猫ビルを建てた日本の知識人、立花隆のエピソードが証明しています。

立花隆は『風立ちぬ』というアニメの推薦文を書くために、航空工学や映画の背景となる歴史の本を数十冊読み、戦後の東京大学研究所の変遷まで勉強しました。しかし、そうまでして書いた推薦文の分量は、たった2100字ほどでした。[*1]

「他人の資料を持ってきて書く。それは模倣ではないのか?」と言う人もいるでしょう。

では、問います。

模倣ではないものがどこにあるでしょうか。

このことについてカン・ウォングク作家は『カン・ウォングクの作文』(末邦訳)でこの

*1 ソン・スッキ著『読むのも書くのもうまくなりたい人は、今すぐ書き写し』(未邦訳)

ように書いています。

> 模倣に礫《つぶて》を打てる人は、最初の創造者以外にいなくて当然だ。どうせすばらしい言葉はすべてアリストテレスが言ってしまった。すばらしい音楽はベートーベンがすべてつくった。それどころか、アリストテレスが残したものをニーチェがすべて使い倒した。天の下にこれ以上新しいものはない。
>
> ――カン・ウォングク、『カン・ウォングクの作文』より

模倣は創造の母であり、もっともすぐれた学習法であることを肝に銘じましょう。

さて、キュレーションの方法を説明しなければなりませんが、最初に出てきた3人がなぜキュレーターなのかを先に説明します。

丁若鏞《チョンヤギョン》が生涯で書いた本は５００冊を超え、詩は２４６０篇にもなります。幽閉生活をしていた18年間に多くの著書を残し、『牧民心書』『欽欽新書』『經世遺表』などが有名です。

その間にくるぶしには三度穴が空き、歯も髪も抜け落ちました。**著書を読むと、抜き書きをしたり資料を集めておく習慣が、彼の著述の源泉であったことがわかります**。

ふたりの息子にも読書をしながらメモや記録する方法を手紙で伝えていました。[*2]

中谷彰宏は25歳から文筆活動を始め、19年間で780冊の本を書きました。ひと月に3〜4冊の本が出る計算になります。

これを可能にしたのは、**大学の4年間で4000本の映画鑑賞をし、4000冊の小説を読んだからだそうです**。

ルース・ベネディクトは『菊と刀』の著者です。

第二次世界大戦後、マッカーサー率いるGHQが日本を占領、統治しましたが、日本人の思考がまるで理解できませんでした。しかたなく、巨額を投じて日本人を解析する論文を公募したところ、ルース・ベネディクトの『菊と刀』が採択されたのです。

おもしろいのは、日本人をもっともよく表現していると認められている著者が、故郷を一度も離れたことがなく、日本人に会ったこともなかったことです。

キュレーションのもっともよいモデルといえるでしょう。

*2 チョン・ミン著『多作先生の経営法』未邦訳

創作に必要なメモの取り方

資料を収集する方法を説明しましょう。23年間で233冊の本を出版したカン・ジュンマン教授とユ・シミン作家、そして私の方法です。

まず『作文のバイブル』（未邦訳）に出てくるカン・ジュンマン教授の方法です。カン・ジュンマン教授は、毎朝90分、日刊紙と週刊誌をずらりと広げてスクラップをします。このように整理した資料はキーワードを書いた封筒に入れて、書架に保管しておきます。そして、文章を書くとき、関連キーワードが書かれた封筒を持ってきて書くのです。

続いて、ユ・シミン作家が著書『表現の技術』（未邦訳）で紹介している方法です。これは勉強しながら書く方法です。

関連の本を読んでいて興味深い部分があれば、紙をしおりのように挟みます。紙を挟んだ本は、さらに要約をしたり、紙を挟んでおいた部分を抜粋したりします。

この抜粋した引用文を大きなテーマで分け、関連性のあるものをまとめます。今度は小さなテーマでさらに分けます。

それから自分が書きたい文章の目次をつくり、考えを交えながら本文を書きます。

最後に私の方法です。

ユ・シミン作家と似ています。本を書くために関連する本を読みながら重要な部分に線を引き、なぜ重要なのか簡略に付箋紙にメモし、そのページに貼ります。

自分の本の目次が完成したら、本に貼った付箋紙のメモを確認し、必要な部分を書き写します。書き写した資料を目次に合わせて分類します。**このように探し出した資料は文章を書くときの参考になり、引用し、融合して、自分のものとなります**。これがキュレーションです。

ここまで、本に限定して資料を探す方法を紹介しましたが、ポータルサイト、YouTube、新聞、雑誌など、多様な媒体から探すことができます。探していると、資料が相互作用を起こします。

YouTubeで見た内容を本でも見つけ、本の内容をYouTubeでも見つけます。テレビ番

組を見ながらでも、会話をしながらでも思い出すでしょう。

積極的に資料を使用しよう

資料をよそから持ってきて使うのは剽窃《ひょうせつ》ではないのか？
この答えに先立って、剽窃の定義から見ていきましょう。

> 剽窃：ほかの人が書いた文学作品や学術論文、またその他各種の文章の一部または全部を直接書き写す、あるいは観念を模倣してまるで自身の独占的な産物であるかのように公表する行為のこと。
>
> (Wikipedia)

資料を検索して使う人には、つねに剽窃の危険があります。

しかし、方法を知っていれば心配することはありません。すばらしい芸術家や作家の先輩方がすでに悩んだ痕跡を見れば、すぐに方法を知ることができます。

まずはピカソです。

「優秀な芸術家は模倣し、偉大な芸術家は盗む」

次はアメリカの劇作家ウィルソン・ミズナーの言葉です。

「ひとりの作家から盗むと盗作だが、たくさんの作家から盗むと研究になる」

おわかりいただけましたか？

資料を盗み、融合させ、研究することがキュレーションです。天の下に新しいことはないのです。

それでも不安であれば、引用の表示をしましょう。

するとまた問題が生じます。引用をどこに表示すべきか。基準は何なのか。歴史書なんてほとんどが引用です。

難しいですよね。

結論からいうと「他から持ってきたもの一つひとつに引用表示をする必要はない」です。

剽窃の定義のように、重要な文章や大量の文章を引用したときに表示する程度で十分です。

ユ・シミン作家の『逆から読む世界史』（未邦訳）は脚注がまったくありません。細かく引

用表示をしていない本の参考になるでしょう。

ただし、序文に引用表示を省略した旨を明示しています。

剽窃や引用の悩みは、「公正利用」〈日本の著作権法にあたる、特定の条件下で著作権者の許可なく著作物を利用できる〉という制度をつくりました。厳しく剽窃を適用すると、芸術が発展する余地がなくなるためです。

作家や芸術家、創作者たちが裁判所へ行くのに忙しくては、文化や芸術は停滞するでしょう。公正利用の定義をウィキペディアで見てみました。


公正利用（fair use）：基本的に著作権として保護される著作物を、著作権者の許可を求めず、限定的に利用できるように許可するアメリカの著作権上の概念。

(Wikipedia)


限定的なのです。剽窃も同じです。逆にいえば、**少しであれば使用してもいいという意味です**。引用の説明のように、全体や重要な内容でなければ使用できます。ただし、先輩方の言うように、一度加工したり、形を変えたりするのがよいでしょう。

最後に、引用表示の効果について説明しましょう。出典を正確に明示し、剽窃の危険をなくす効果がもっとも大きいですが、3つの効果があります。適切に利用すれば、読者と原著者に配慮する、よい文章になるでしょう。

―1― 他人の権威を拝借する

「私はこのように主張する」というより、有名であったり尊敬されている人の言葉から自分の考えと似ているものを借りてくると、読者はより早く受容します。説得力を高めるのです。小さきものが巨人の肩に乗ったかのような効果が生まれます。

―2― 原著者に対する感謝のあいさつ

すでになされた研究や思索の結果をもとに、私たちは思想を確立させ、悩みを解決できるのです。彼らの悩みがあったからこそ、より遠くへ旅立つことができることに感謝しましょう。文章を書く者としての礼儀です。

―3― より深く知りたいと思う読者への配慮

本を読んで、事実についてさらに知りたいと思った読者が、すぐに関連資料を探し、勉強できるようにします。

現代の古典といえる『銃・病原菌・鉄』（ジャレド・ダイアモンド著、倉骨彰訳、草思社、２０１２年）や『サピエンス全史』（ユヴァル・ノア・ハラリ著、柴田裕之訳、河出書房新社、２０１６年）をみると、本の最後に引用資料がたくさん載っています。

このことから、世界の碩学《せきがく》たる学者たちはキュレーターであり、彼らの書いた本がすべての資料を収集した結果物であることがわかります。

積極的に資料を収集し、積極的に使用しましょう。書くことがないのなら、今すぐに資料を探すのです。

03 文章を書く人間にとって、読書は必須

たゆまぬ読書とメモは、文章の基本

読書は、読書をしない人ですらすすめてきます。
文章を書く人は、かならず読書をしなければなりません。
なぜ必須なのでしょうか？　4つの説明をしましょう。

―1― 体系的な資料を得られる

文章の始まりは資料収集です。本は知識が体系的に整理されているので、簡単に、資料

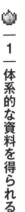

を区分したり、筋道を見つけたりできます。
読書は資料収集に最適化された手段なのです。資料が重要な理由は先に説明した通りです。

2 語彙力が増える

語彙力は、その単語がどういう意味なのかを理解する能力です。**語彙力が高いほど事物や現象を描写する方法が増えます。**「死んだ」を「亡くなった」「他界した」「息を引き取った」「目を閉じた」のように、さまざまに表現できます。

頭で考えを形象化するとき、まず最初にするのは、適切な単語を選び出すことです。文章は単語の組み合わせです。文章をうまく書けない人は、資料が足りない場合もありますが、適切な単語を選び出せなくて書けないことも多いのです。

スティーヴン・キングは「語彙力は、工具のたくさん入った道具箱だ」と言いました。**必要な工具をすぐ取り出して使えるように、日頃から読書で道具箱をいっぱいにしておきなさい、と親切に方法まで説明してくれています。**

—3— 考えが浮かんでくる

トルストイは『どのように生きるか』（未邦訳）という本で、知恵を得る方法3つを述べています。**瞑想、模倣、経験です。**

本にはさまざまな人生の経験が書かれています。本を読んで感情移入し、登場人物の行動を読んでそれを真似ます。そして考え、瞑想します。

本1冊でトルストイの言うすべての経験ができるのです。

—4— よい文章とはどういうものかがわかるようになる

美術をする人はみる目を養い、音楽をする人はきく耳を養わなければなりません。よいものとは何か、よくないものとは何かを区分できずに模倣ができるでしょうか？

読書は、よい文章とはどのような文章であるかを教えてくれる、すぐれた教材です。文章を書く人に正確な目標を示してくれます。

メモで、通り過ぎゆく考えをつかもう

読書をしているとさまざまな考えが浮かんできます。考えを具体的に形象化する行為がメモです。

スマートフォンの発達により、多様なメモアプリが出ましたが、私はいまだに手帳を使っています。

理由はまさしく、通り過ぎてゆく考えが揮発《きはつ》してしまうためです。

スマートフォンのアプリにメモする順序を羅列してみましょう。

道を歩いているとき、眠ろうとしたとき、ふとアイディアや文章が思い浮かびます。スマートフォンを探します。ロック画面を解除します。メモアプリを探します。アプリを起動します。記録するための場所を探します。

そこでいざ記録しようとすると、もう記録しようとしていた内容が思い出せません。このような経験をしたことはありませんか？

私は何度も経験しました。一つひとつの行為を、脳が集中して実行するためです。

脳に留め置かれたアイディアや考えが、この過程で揮発し消えてしまいます。

一方、手帳への記録を説明しましょう。ふとアイディアが浮かびます。ポケットやカバンから手帳を取り出します。書くページにはすでにボールペンが挟まれていて、開いて書くだけです。

単純なことです。飛んでいってしまう考えをつかまえて、メモ用紙にそのままの姿を書き留める。

バラエティ番組『知っておいても役に立たない神秘的な雑学事典』に出演していたキム・ヨンハ作家を注意深く見ていたら、収録の途中に手帳を取り出し、メモする場面がしょっちゅうありました。

メモをこまめにする作家がアナログ式にこだわる理由は、私と同じ考えであるはずです。

たゆまぬ読書とメモが、思考をつくり、書くネタを授けてくれます。文章を書くためには、まずは読書です。そしてメモで思い浮かんだ考えをつかまえましょう。

04 深みのある文章を書きたいなら古典を読む

人生や世界を探求するために、強い響きを与えてくれるものが古典

ダンテの『神曲』、ゲーテの『ファウスト』、カントの『純粋理性批判』、『論語』、『孟子』、『韓非子』。聞くだけでも頭が痛くなります。このような本を古典といいます。

はたして、古典は「古」という字の通り、昔の古い本のことだけを指すのでしょうか？

その基準は何でしょうか？

『小学校一年生の勉強、読書がすべてだ』（未邦訳）を書いたソン・ジェファン作家は30年と言っています。

では、書かれてから30年以上たった本は、すべてすばらしい古典なのでしょうか？　正直、そうとは言いきれません。

答えは、韓国唯一の古典評論家であるコ・ミスク作家が出してくれました。この方は、2017年9月27日、JTBCの教養系バラエティ番組『差が出るクラス』で「人生や世界を探求するときに、強い響きを与えてくれたら、それが古典だ。昔に出た本も最近出た本も関係ない」と定義しました。

いま一度、短くかみくだいて定義しましょう。

―1― 古典は人生や世界についての探求
―2― 強い響きを与えてくれる
―3― 作品のつくられた時期は関係ない

これが適用されるのであれば、現代に出版された『サピエンス全史』も『銃・病原菌・鉄』も古典です。強い響きを与えてくれる『こいぬのうんち』、『おおきな木』（シェル・シルヴァ

スタイン著、村上春樹訳、あすなろ書房、2010年）『庭を出ためんどり』（ファン・ソンミ著、ピョン・キジャ訳、平凡社、2003年）などもです。

いやいや、童話も古典？　と思った人もいるかもしれません。しかし、すでにドイツのシュタイナー教育では、古典の範疇《はんちゅう》に神話や童話を入れて、子どもたちに読ませています。ユユ出版社から出た『シュタイナー勉強法講義』（未邦訳）の一部分を引用します。

> 私たちの体に養分を与えてくれる食べ物のように、童話は私たちの魂を肉づける食糧である。童話や伝説、神話なくして育った子どもは、一見そうは見えなくても中身が空っぽだ。なぜか？　このような物語が人間の発達において、とても奥深い何かを教えるからだ。

カン・ウォングク作家も『私は語るように書く』（未邦訳）で、ニーチェの『ツァラトゥストラ』（手塚富雄訳、中央公論新社、2018年）、ミシェル・フーコーの『監獄の誕生―監視と処罰―』（田村俶訳、新潮社、2020年）、フロイトの『新訳・夢判断』（大平健訳・新潮社、2019年）を立て続けに読むと、古典には古典にしかない、互いに通じ合う一貫したエネルギー、重みのある響きを感じるとでもいおうか、と語っています。

古典の意味が少しおわかりいただけましたか？

古典を読むことは、思考を爆発させる

なぜ古典を読まなければならないのでしょうか？

脳の発達と機能、ふたつに分けて説明します。

―1― 脳の発達のため

アメリカのシカゴ大学は、１９８０年に石油財閥のジョン・D・ロックフェラーが設立した、１９２９年までは何の変哲もない学校でした。しかし、第5代総長にハッチンズが就任し、世界の偉大な古典１００冊をすらすらと諳んじるまで学生を卒業させないという「シカゴプラン」を始めました。

すると驚く変化が見られました。

これ以降から現在までに、80名を超えるノーベル賞受賞者を輩出したのです。

全校でビリだったウィンストン・チャーチル、小学校入学から3カ月で退学させられた

トーマス・エジソン、学業不振児クラスに通っていたアイザック・ニュートンも、古典を読むことで新しく生まれ変わりました。

このように、古典は脳を変化させ、人生まで変えるのです。

―2―脳の機能のため

1984年1月22日、ワシントン・レッドスキンズ〈現・ワシントン・コマンダース〉とロサンゼルス・レイダース〈現・ラスベガス・レイダース〉とのスーパーボウル競技中に、アップルがCMを流しました。新製品マッキントッシュの広告です。

たった一度のCMにもかかわらず、マッキントッシュの販売量は放送後の100日間で7万台に上りました。このCMは最近まで広告ランキングトップ100で38位を記録し、今でも人気があります。理由は、1984年を迎え、ジョージ・オーウェルの『一九八四年』からインスピレーションを得てCMを作成したからです。『一九八四年』は、今でもハーバード大学で最も売れている古典で、「読んだフリ本」ランキングの1位です。

古典は拡張性を有し、現代人にインスピレーションと想像の種を与えてくれます。

脳の発達と機能、このふたつの特徴には、一貫する共通点があります。

まさしく、思考と拡張です。考えを拡張する過程で脳が活発に動きます。

脳が変化すると鈍才が英才になります。古典をもとに別の新しい物語が誕生するのです。

思考という源泉的な種を与えてくれるからです。

シカゴ大学の学生たちがノーベル賞を受賞する理由も、古典を通じた思考の拡張にあります。

「根源的な問い」が古典の力

古典にはなぜこのような力があるのでしょうか？

コ・ミスク作家による古典の定義のひとつ目を見るとわかります。

「古典は、人生や世界への探求である」

わかりやすく言うと、古典は人間や世界について本質的に考えるようにさせるのです。

偉大な古典を選ぶとすれば『聖書』、『仏教聖典』、『論語』です。

これら3つの古典には、人間がいかにして生きるべきかについての壮絶な悩みが書かれ

ています。答えを得るために、イエスは荒野をさまよい、シッダールタは菩提樹の下で修行し、孔子はつましい食事でひとり自問自答を続けました。

シュタイナー教育は、古典教育を通じて、子どもたちみずからが、次のような問いをするようにします。

「自分は何者なのか？」
「他者と自己の関係とは何なのか？」
「生きる意味とは何なのか？」

こうした内面の問いかけをしながら成長した子どもたちが、成熟しないはずがありません。

このように壮絶で本質的な苦悩が書かれているからこそ、文章を書く人は古典を読むべきなのです。

本質的な思考を伴わずに文章を書くと、その文章は薄っぺらなものになります。本質的な問いをせず、考えもしなければ、誰かと同じような文章を書き続けるでしょう。

ありふれた主張、他人と同じ表現で書かれたものを誰が読むでしょうか？

さらに、深淵に沈む自身の心も、拾い上げて書くことができません。自分の心もわからないのに、どうして他者を理解できるのでしょうか？　結果として、相手についての理解の幅が狭まるのです。

これらすべてが合わさったら、書くネタもなくなります。

本質的な問いなくして、思考の多様性も、豊かな文章を書くこともできないのです。

以上のように、『聖書』、『仏教聖典』、『論語』が千年の時を超えてもなお感動を与える理由は、人類の愛と正しい生について徹底的で根源的な苦悩が書かれているためです。

古典を読み、根源的な問いをすることは、考える力となり、深みのある多様な文章を生み出します。

古典は簡単なものから読もう。心惹かれないものは読まなくていい

古典をどのように読めばいいでしょうか？

読まなければならないとわかっていても、なかなか読む気になれません。『トム・ソーヤー

の冒険』（柴田元幸訳、新潮社、2012年）を書いたアメリカの作家マーク・トウェインはこう言います。

「古典は、みんな一度は読んだほうがいいけれど、誰も読みたがらない本だ」

おもしろいですよね。文章を生業とする作家にとっても古典はむずかしいのです。これはアメリカの作家に限ったことではありません。

私のエピソードを紹介します。

イ・ジソン作家の『リーディングでリードしよう』（未邦訳）を読んで、古典を読む意欲が湧きました。

私は特に考えもせず、古典の中の古典であるダンテの『神曲』やゲーテの『ファウスト』を選びました。とても難しかったです。文章自体が理解できませんでした。本を破ってしまいたくなりました。

しかし書評は、「気づきをくれた、よろこびを感じた」という賞賛の嵐でした。

文章が理解できず線まで引きながら読んでいた私は、気後れしてしまいました。難読症かと悩みもしました。

ところが、朴婉緒《パクワンソ》作家の『あんなにあった酸葉をだれがみんな食べたのか』（真野保久他訳、影書房、２０２３年）を読んでから、自分は間違っていなかったのだと気づきました。朴婉緒作家はこう書いています。

『ファウスト』や『神曲』は盲目的な使命感がなければ、難解で到底読めなかった。けれど無理やり読んだのがよかったとは思えない。どういう意味なのか理解もできず、とにかく読んだけれど、二度と読む気にはならなかった。この本をよかったと言う人がいると、それは本当に理解して言っているのだろうかと、私は劣等感半分、疑心半分で受けとめた。

――朴婉緒、『あんなにあった酸葉をだれがみんな食べたのか』より

古典は大作家でもむずかしいのです。古典を読むのがむずかしいと告白した作家には、ユ・シミン作家もいます。ドイツ語の原書と韓国語の翻訳版で、計2回もカントの『純粋理性批判』の序文を読んだのに理解できなかったと『表現の技術』で告白しています。

さらに興味深いのは、作文講座で聴衆数千人に「『純粋理性批判』を最後まで読んだ人はいますか？」と聞いたところ、手を挙げたのはたったひとりだったというエピソードで

す。数千人中で、たったのひとりです。

このふたつの事例から、なぜ古典がむずかしいのかがわかると同時に、どのように読むべきなのか、方法を見いだせるでしょう。

むずかしい理由を3つに分類し、簡単に読む方法を説明します。

—1—古典の内容がむずかしい。またはむずかしい古典を選んでいる

—2—古典的な文体で読みづらい

—3—翻訳が誤っている

—1—古典の内容がむずかしい。またはむずかしい古典を選んでいる

むずかしいに決まっています。マルクスの『資本論』は「剰余価値論と恐慌論」、カントの『純粋理性批判』は「人間には純粋理性がない」という話です。言わんとしているテーマそのものが難解です。

このようなむずかしい古典が「教養人のための推薦図書100選」、「学生がかならず読むべき古典50」などですすめられています。朴婉緒作家の言う通り、読んだ人がいるのだ

ろうか、という気がします。

むずかしい古典は諦めましょう。読んでも何も残らないのになぜ読むのでしょうか？
読みたければ簡単な解説書から挑戦しましょう。あなたがダメなのではありません。
むずかしければ読まなくていいのです。

代わりにやさしめの古典、やさしい話の古典を読みましょう。

ジョージ・オーウェルの『一九八四年』は全体主義の思想、『動物農場』は共産主義の批判、トルストイの『アンナ・カレーニナ』（望月哲男訳、光文社、2008年）は3組のカップルによる人生についての苦悩が描かれています。登場人物リョーヴィンの苦悩はトルストイの苦悩です。『トルストイ短編選』（未邦訳）、『星の王子さま』（サンテグジュペリ著、管哲次郎訳、KADOKAWA、2011年）などは、ストーリーが短いので負担になりません。

古典がむずかしいのではなく、私たちがむずかしい古典を選んでいるのです。

中学生のときに課題図書で読んだ近代の短編小説もいいでしょう。金東仁《キムドンイン》の「いも（甘藷）」（『金東仁作品集』に収録、波田野節子訳、平凡社、2011年）は、福女《ポンニョ》と夫が金に道徳心が屈服してゆく過程が書かれています。資本について深く考えさせられます。

むずかしい古典をただ持ち歩くくらいならば、中学生の必読書である黄順元《ファンスンウォン》の短編小説「夕立」〈韓国の中学校の教科書に掲載され、日韓共同テレビドラマ化もされた〉、李孝石《イヒョソク》の「そばの花咲く頃」〈ONE KOREA 翻訳委員会編、『そばの花咲く頃日帝時代民族文学対訳選』収録、新幹社、1995年〉から読んでみては？

―2― 古典的な文体で読みづらい

私が『刀と犬歯』という短編小説を書いていたときのことです。

青銅器時代が背景なのですが、古い言い回しや昔の言葉を使いこなせず、時代の雰囲気が出ていませんでした。昔の言葉を知ろうと、韓国語の宝庫である『土地』〈朴景利《パクキョンニ》による大河小説。韓国でテレビドラマにもなった。現在クオンから翻訳版最新刊『土地十六巻』が出ている〉を読みました。朴景利作家には申し訳ないけれど第1部のみ読みました。文体がとてもやわらかく、話の流れがゆっくりで、私には合わなかったのです。

方向転換して、朝鮮時代の行商人の生き様を描いた金周榮《キムジュヨン》の『客主』〈『客主』はドラマ化もされた韓国で有名な歴史小説〉を読みました。文体に力があり、ストーリーの展開が早くておもし

ろく読めました。

現代の文体は、叙述や描写を省き、展開がスピーディーです。

しかし、昔の本は叙述や描写が多く、ストーリーの展開がゆっくりです。そこに加えて、文章が冗漫《じょうまん》です。書かれた当時はこのような文章や展開が正解だったのです。100年前の作家たちはライバルも少なく、読者も多くなく、文体にもそこまで注意を払っていませんでした。

現代の文体に慣れ親しんだ読者が昔の文体で書かれた文章を読もうとしたとき、はたしてスムーズに読めるでしょうか？

読めないあなたがダメなのではなく、古典が読み慣れない文章で書かれているのです。無理に読んだところで、副作用として、自分でも気づかぬうちに冗漫な文章を書いてしまいます。**古典は文体が違うということを理解しておかなければなりません**。

読みづらいときは文体に注意してみてください。読めなかったとしても、「文体がむずかしいのだ」と考え、自分を責めずに早めに本を閉じましょう。あなたのせいではありません。

ひとつ目の理由と同じです。

読めないものはやめましょう。**読みやすい古典を探して読みましょう。**

説明の通り、『一九八四年』や『老人と海』〈小川高義訳、光文社、2014年〉を読めば、ジョージ・オーウェルやアーネスト・ヘミングウェイがなぜ大作家とうたわれているのかがわかるでしょう。今の小説と比較しても、読みづらさをまったく感じないのです。

3 翻訳が誤っている

韓国人であれば避けては通れない本に『白凡逸志』があります。

今だから言えますが、中学のときに読んでもよくわかりませんでした。成人してから、入院中にふたたび読みました。植民地時代に使われていた言葉がたくさん出てきました。インターネットで一つひとつ検索し、意味をメモしながら読んでみたら、理解できただけでなく、著者金九《キムグ》〈日本統治下で活動した独立運動家であり政治家〉の愛国心が私の心にまで届きました。

『白凡逸志』は本来、ハングルと漢字が混在した文章で書かれていました。これを李光《イグァン》

洙《ス》〈日本の植民地時代に「無情」などを書いた小説家〉がハングルだけの文章にして読みやすくし、それを現在私たちは読んでいるのです。

ハングルにして読みやすくしたのが1947年。

当時使われていた言葉遣いと冗漫な文章を、1970年生まれの中学生が1990年代に読んだところで、きちんと読めるでしょうか？ 意味を正確に理解できるでしょうか？ 『ライ麦畑でつかまえて』を読んだときのことです。後輩の本棚にあったので、好奇心から読んでみました。しかし読めないのです。

このときも自分の読解力不足のせいにして諦めました。ところがどうしたことか、数カ月後にほかの出版社から出た『ライ麦畑でつかまえて』を読んでみると、するすると読めたのです。

2冊を並べて比較すると、翻訳は似ていましたが、呼吸、リズムが違いました。

今では少なくなってきましたが、以前の古典は大部分が重訳本でした。ギリシャ語、ラテン語、漢文で書かれた古典が英語や日本語に翻訳されたものを、さらに韓国語に翻訳していたのです。ほとんどが日本語からでした。このように多くの段階を経ると、意味が誤っ

て伝わる場合もあり、読みづらくなるのです。

　この問題は現在もなくなったわけではありません。アメリカの長編ファンタジー小説を読んでいたら、途中で文体が変わり、登場人物の名前も少しずつ変わっていきました。

　これはおかしい。インターネットで検索すると、私と同じ不満を抱いている人が多くいました。

　調べていくと、1冊の本を分けて複数の大学生たちに翻訳させていたことがわかりました。それを編集して出版したというのです。


　これが出版業界の現実だとは。誤って翻訳された本は読みづらいし、意味も正確ではありません。ただただ時間とお金を捨てることになります。

　ではどうすればいいのでしょう?

　答えは、翻訳家がきちんと翻訳した本を探すことです。

　最近では、本の折り返し部分に、著者プロフィールとともに翻訳家のプロフィールもあります。翻訳者は該当作家の言語系統の専門家でなければなりません。

　ギリシャ・ローマ時代の古典は今でも重訳が多いです。

購入前にかならず翻訳家のプロフィールを見て、ラテン語の専門家であるかどうかを確認してください。そうでないと、お金のムダですし、古典に対する認識も悪くなってしまいます。

説明した3つの理由から、どんなに本を好きな人であっても、古典というとむずかしいと思い敬遠してしまうのです。古典の説明や定義、選び方、読み方を教わってこなかったために生じた現象です。

古典は、理解できればおもしろいものです。

「洞察」という言葉があります。意味は「鋭利な観察力で事物を見抜くこと」です。

文章を書く人には洞察力が必要です。

古典を通じて響きを越え、洞察へと進まなければなりません。人を理解させ、説得するだけではなく、あなたが成長するためにです。

05 洞察するために、散歩しよう

偉大な哲学者たちは、歩いてはまた歩いた

7歳のベンが窓にぶら下がっていた。茶目っ気たっぷりの目でお向かいの門を眺めていた。時計を見るとあまり時間がなかった。あの方が出てくるときを待った。

——キィィ！

案の定向かいの家の門が開いた。冷たくなった秋の天気に合わせて、厚手のジャケットを羽織った老人が杖をついて出てきた。

「ママ、4時だよ。おじいさんが出てきた」

「あら、もうカント先生がお散歩に行く時間なのね」

母親は本を読むのをやめて壁掛け時計を見る。

「時計が5分遅れているわね。時間をまた合わせないと」

ベンはカント先生と壁掛け時計を交互に見る。


この文章は、何の様子でしょうか。

『純粋理性批判』、『プロレゴメナ』（篠田英雄訳、岩波書店、1977年）、『実践理性批判』（波多野精一他訳、岩波書店、1979年）などを著したドイツの偉大な哲学者、カントの散歩の様子です。

カントは死ぬまで生まれ故郷であるケーニヒスベルク〈現在はロシアのカリーニングラード〉を離れませんでした。そして、午後4時になるとかならず散歩へ行きました。

市民はカントが散歩に出るのを見て時計を合わせていて、その正確さは、ケーニヒスベルクの時計という異名がつくほどでした。彼が毎日のように歩いた通りの一部は「哲学者の道」と名づけられています。

彼にとって散歩とはどのような意味があったのでしょう?

カントは貧しい馬具職人の4番目の息子として生まれました。両肩のずれに胸部の奇形もあり、とても病弱でした。

彼にとって散歩は、健康を維持する手段でした。

しかし驚くことに、散歩は健康を越えて、思惟の幅をひろげ、彼の哲学を完成させたのです。

歩くことで思惟した哲学者はカントだけでしょうか?

フレデリック・グロ〈フランスの哲学者。パリ政治学院教授〉の『歩くこと、二本の足で考える哲学』（末邦訳）には、「森の中を長い時間徘徊しながら、自分について終わりのない質問を投げかける」というジャン＝ジャック・ルソー、「私はただ歩きまわる人間にすぎず、それ以上でもそれ以下でもない」というフランスの詩人アルチュール・ランボー、「終わりなく続く苦痛の瞬間にもひたすら歩いて歩いた」ニーチェなど、あまりにもたくさんいます。

歩くことは、偉大な哲学者に思惟と洞察力を与えたのです。

洞察力と思惟まではいかなくとも、創造的な活動、文章を書くためには歩くことが必要

です。

書くために歩き、また歩く

『シャーロック・ホームズ』という古典小説があります。ホームズは頭の中を整理するとき、部屋の中を行ったり来たりします。

小さな空間でも歩いています。

『シャーロック・ホームズ』の著者コナン・ドイルは医者だったので、歩くことの効果を知っていました。だから、悩むホームズを歩かせたのです。

コナン・ドイルも、インスピレーションを得るためにホームズのように歩いたのではないでしょうか。

文章を書く人は絶対に歩かなければならないと、私は入院していたときに痛感しました。足を怪我して、1カ月間車いすの世話になっていたときです。

出版社のサンリム文学からメールがきました。

韓国史上最大の山火事「2022年蔚珍《ウルジン》—三陟《サムチョク》山火事〈慶尚北道蔚珍郡から江原道三陟に発生した

大規模な山火事〉」を風化させないための話を書いてほしいとのことでした。
やる気満々で書き始めましたが、書き進んでいくうちに手がとまってきました。言葉や文章の流れ、次の展開が思いつかないのです。満足のいくものではありませんでしたが、急いで仕上げました。

落胆していたとき、有名なウェブ小説家の先輩に会って似たような話を聞きました。同じく作家である先輩の弟もエスカレーターで転んでくるぶしを骨折したそうで、完治に1年間かかったけれど、その1年間文章が書けなかったというのです。

先輩が「足の怪我と文章を書くことに、どんな関係があるの？」と弟に尋ねると、完全に治るまでは書けない、と答えたそうです。

私は散歩をしている間に、文章をどのように書こうか計画し、素材を考えます。

文章を書いていると、突然何も思いつかなくなるときがあります。

私はこれを「ブロッキング blocking」と名づけています。思考の流れがせきとめられてしまうのです。

このようなときは寝たり、散歩に出たりします。歩くと、雨が降っていた頭の中が晴れていくのを感じます。『クリスマスキャロル』の著者チャールズ・ディケンズも、書くことに熱中していたときは夜のロンドンを25キロメートルも歩いたそうです。

歩くと体に変化が生じ、五感が働き始めます。『お金は君を見ている　最高峰のお金持ちが語る75の小さな秘密』（古川南訳、サンマーク出版、２０２４年）で有名なグローバル外食企業SNOWFOXグループのキム・スンホ会長は、**お金持ちになるために何かしようとするならば、まずはスニーカーを買って歩きなさいと言います**。

文章を書くには歩かなければなりません。

モニターばかり見ていないで、スニーカーの紐をぎゅっと結んで歩きましょう。**歩けば書けるようになります**。

06 質問できる人は頭がいい

あなたは質問に自信がありますか？

「質問のある方？　誰もいないですか？」（No, no takers, no takers）
応答ひとつありませんでした。会場内を見まわしたオバマ元大統領は小さくため息をつきました。そうして質問の機会は中国の記者に移りました。

何のことでしょうか？

これは２０１０年のＧ20閉幕式での出来事です。開催国の仕事をやり遂げた韓国のため

に、当時アメリカ大統領だったオバマは、韓国の記者たちに質問の機会をくれたのです。

しかし、挙手した記者はひとりもいませんでした。

世界の大統領ともいえるアメリカ大統領に直接質問できるなんて、人生で一度あるかないかの大チャンスなのに、なぜ誰も質問しなかったのでしょうか？　オバマの演説が完璧だったからでしょうか？　それとも、本当に質問することがなかったのでしょうか？

ふたつのことが考えられます。

—1— 質問の仕方を教わってこなかった

—2— 質問を通して思考の種をつくり出せなかった

考えていれば、質問ができる

文章を書く話なのに、急に質問の話が出てきて不思議に思うかもしれません。

なぜ質問の話をしたのでしょうか。文章を書けないいちばんの理由は、自分の考えがないせいであり、自分の考えを練って育てたものが質問になるからです。

つまり、質問力が文章を書く実力なのです。さきほど説明した通り、質問は思考をつくり、練り上げます。

練り上げられた思考は文章のネタです。書くときになって考えるのではなく、Think Bank（思考の銀行）にあらかじめ保管しておいて、必要なときに取り出しましょう。

異なる思考であっても、保管されているほかの思考と融合して、利子のようにさらに別の思考を生み出します。少し毛色の異なる作品でもすらすらと書けるようになるでしょう。

Think Bank は金利が高い銀行なのです。

韓国最高の知性、李御寧《イオリョン》教授の『ふろしきで読む日韓文化――アジアから発信する新しい文明』（未邦訳）という本があります。これは、1冊通してふろしきに関する話です。

「なぜふろしきなのか?」という問いから、韓国文化、ポストモダニズムまで、ふろしきのように融通が利き、変化に富んだ人材が新しい時代で生き残るのだ、と締めくくっています。

そして、その始まりは Think Bank にあった「なぜふろしきなのか?」です。つまり、小さな問いが始まりだったのです。

読書で種をつくろう

では、どのように問いをつくるのでしょうか？

そのためには、多様な講義を聞き、読書をすることです。自分が当然だと考えていたことが砕け、踏み出してゆく痛みを感じなければなりません。

『文明の衝突』（サミュエル・ハンチントン著、鈴木主税訳、集英社、１９９８年）や『文明の共存』（未邦訳）を読んで、イスラムとキリスト教文明の共存を知り、『文明崩壊』（上・下、ジャレド・ダイアモンド著、楡井浩一訳、草思社、２０１３年）を読んで、「ルワンダ虐殺」が民族浄化ではなく土地を持たない彼らの憤怒による虐殺であったことを知りました。

汚れた原石が削られ整えられて輝く宝石となるように、漠然《ばくぜん》とした多くの思考は読書という活動によって削られ、具体的な問いへと整えられていきます。思考の断片は宝石の欠片とは違い、また別の思考の種となります。そして、思考の種は他の問いとして成長していきます。

「知らないことは尋ねよう、疑問を持って訪ねよう」

これらが問いの種となります。

多くの問いが生まれたら、読書や講義で問いの答えを探しましょう。この過程をくり返して自問自答しながら思考を整理します。

文章を書くときには、最初に問うてみる

文章を書くとき、問いをThink Bankの預金から探します。その問いは、

「何について書くか?」

「なぜ書くのか?」

「どのように書くのか?」

です。

これらを問うて初めて、Think Bankの思考が融合して創造的な考えが排出されます。

あとは書くだけです。迷わず書きましょう。

07 批判できる人は、異なる視点や深みのある文章が生み出せる

いい文章が書ける人は、批判ができる

悪魔の代弁者（Devils advocate）という言葉があります。

悪魔の代弁者とは誰でしょうか？　名前からしてぞっとします。どこで使われる呼び名でしょうか？

悪魔の代弁者とは、大多数の意見に意図的に批判や反論をする人のことです。

元々はカトリックで使われていた言葉で、聖職者がより高い職位に上がるための審議で、わざと候補者の欠点や不審な点を指摘する役割のことをいいました。なぜカトリックでは

このような役割を置いたのでしょうか？

アメリカのイェール大学心理学科、アーヴィング・L・ジャニスは、1972年に出版した『集団浅慮――政策決定と大失敗の心理学的研究』（細江達郎訳、新曜社、2022年）で語っています。

「どんなに個人の知識水準が高くても、凝集性の高い人々が集まると意思決定の質が著しく低下する」と。

この言葉通り、カトリックの信者は自身の聖職者たちを何の疑いもなく信じ従う傾向にあります。

このように信じて従う信者が、聖職者を客観的に判断できるでしょうか？　そこで、反対する人を投入し、細かく審査するために制度をつくったのです。この制度において、かならず反対する者が悪魔の代弁者なのです。

この制度は1983年に廃止されましたが、メリットが多いので、今でも用いられています。

代表的な例が、ケネディ元大統領のキューバ危機への対応です。

１９６１年、ケネディの承認で実行されたピッグス湾侵攻作戦は悲惨な結果に終わりました。フィデル・カストロによって社会主義化したキューバに、訓練させた亡命者１４００名を上陸させ、カストロ政権を転覆させるという空想のような作戦でした。案の定、作戦が始まるや否や２００名が死に、残りは捕虜になりました。

以後、ケネディは、弟のロバート・ケネディ法務長官とシオドア・ソレンセン大統領特別顧問に、会議で反対意見を集中的に出す「悪魔の代弁者」をさせました。

このような処置によって、それから1年半後、ソ連がキューバに核ミサイルを配置して第三次世界大戦が起きかねなかった危機に、賢明に対処することができたのです。

世宗大王も御前会議では、最悪の場合を考え、問題を執拗に掘り下げるために、礼曹判書〈朝鮮王朝時代の官職。儀礼、外交、教育などをつかさどった〉の許稠《ホジョ》〈朝鮮王朝初代国王・太祖の時代から第10代国王・燕山君まで仕えていた〉を参席させ、この役割を任せました。**集団思考がよくない方向に作用するのを防止するためでした**。

このように悪魔の代弁者がすることは、「批判」です。

正しい批判は、偏った視点から抜け出し、多様な視点で事件や物事を見つめることがで

きます。見たいものだけ見る確証バイアスを変えてくれるでしょう。

他人と同じ視点で文章を書き、論理を展開して比喩《ひゆ》してみても、何のおもしろみも深みもありません。

ありふれた文章を読みたい人がいるでしょうか？

だからこそ、文章を書く人には批判力が必要なのです。また、批判をしていると、思考の断片とともに多くの問いが生まれます。

この問いがまた別の思考の種を生みます。批判は思考の源泉のひとつなのです。

批判と非難の境界は論理性

批判が文章を書く人にとって必要であることがわかりました。

しかし、うまく批判しないと、人々の恨みを買ってしまうので実践がむずかしいところです。

自分に反論してくることを好む人がいるでしょうか？　自分の意見や主張を批判する人

から「何か不満でもあるの?」、「どうしていつも斜に構えているんだ?」と言われることでしょう。

また、へたな批判は非難になりかねません。批判は必要ですが、むずかしいのです。批判と非難、ふたつの違いは何でしょうか?

定義から見てみましょう。

批判:現象や物事の正否を判断し、正したり誤りを指摘すること。物事を分析してそれぞれの意味や価値を認め、全体の意味との関係を明らかにし、その存在の論理の基礎を明確にすること

非難:他者の失敗や欠点を責めたり悪く言うこと

批判の定義にある、「論理の基礎を明確にする」という言葉を目に焼きつけましょう。

批判は相手の主張を論理的に指摘します。論理的でなければ、こちらの主張は単なる非難であり、他者の欠点を責めて悪く言うことになるのです。「論理的である」この部分がポイントです。論理的でなければ批判ではありません。

LEVEL 3

SOUBI>>KAKU MAE NI SHITEIRU KOTO

SOUBI>>KAKU MAE NI SHITEIRU KOTO

文章がうまい人が書く前にしていること

０１ 話すことと書くことは同じ。話すように書こう

最初に記録されたのは話し言葉だった

紀元前5世紀ごろ、ブッダが入滅してから初めての雨期に、マガダ王国の首都ラージャグリハの七葉窟に釈迦の比丘《びく》５００人が集まりました。

目的はふたつです。

ひとつは、ブッダの教えを整理すること、もうひとつはブッダの意志を継《つ》ぐ出家者たちの規律を定めることでした。

これらをどのように進めたかというと、ブッダの教えを５００人がともに暗唱すること

にしたのです。

暗唱している間にひとりでも間違えれば中断します。そして互いの記憶が合っているかを激しく問答します。合意に至れば、500人が問題の部分をともに暗唱して次に進みます。

最後には全員でブッダの教えを暗唱し、故郷へ帰って教えを広めたのです。

このような集まりは紀元前4世紀にふたたび行われ、三度目はインド大陸を統一したアショーカ王によって紀元前251年に、四度目は紀元前1世紀、ヴィッダガーマニ・アバヤ王の時代に行われました。四度目は、最初からブッダの教えを文字化しました。

仏教界ではこの集まりを結集《けつじゅう》といい、順番に第一結集、第二結集、第三結集、第四結集といわれています。

なぜ結集を定期的に行ったのでしょうか。

記録がなかったからです。

この時代はまだ文字がなく、あっても意味をきちんと表現することはできませんでした。

頭の中にしか存在しないブッダの教えは、消失したり歪曲してしまう恐れがありました。

筆写された聖書も修道士が意図的に削った部分があるというのに、人々の記憶の中にだけある教えをどうして信じられるでしょうか。

定期的に集まって、暗唱し記憶をすり合わせることが、最善の方法だったのです。

１８７１年に実施された第五結集では、７２９枚の大理石に教えを刻みました。


私は、何のためにこの話をしているのでしょうか？

それは、ふたつのことを説明するためです。

話し言葉のように読めない文は、よくない文

- **ー１ー文章は本来話し言葉**
- **ー２ー話し言葉にならなければ、よくない文章である**

ー１ー文章は本来話し言葉

文字がつくられてから人類がまず記録したことは、前述したように、偉大な先駆者や聖

賢の教えでした。あらゆる文化圏に共通する現象です。『仏教聖典』、『聖書』、『論語』、この3つの聖典からも、文章とはもともと話し言葉を文字にしたものだということが再認識できます。

文章を評するとき、「文語体だ、口語体だ」といいます。

文章は本来話し言葉です。

話し言葉を記録したものが文章なのに、文語体だ口語体だと区分するのはおかしくありませんか？

ポイントは、文語体は口語体よりもむずかしいということにあります。つまり、むずかしい文章、文語体はよくない文章だということです。

文語体がよくない文章であるならば、口語体にははたしてどのような利点があるのでしょうか？

口語体にはふたつの長所があります。

ひとつは、読みやすさです。

文章は目で読みますが、口語体の文章は、耳で聞くような効果を生みます。『ローマ人

の物語』（塩野七生著、新潮社、１９９２年〜）にはまっていたとき、突然夜更けに、著者の塩野七生さんが耳元で語っているような錯覚に陥りました。全身に鳥肌が立った瞬間でした。

もうひとつの長所は、飾っていないので読みやすく、伝達力が高いことです。

「ここに20代のこざっぱりとした背の高い青年が、誤って澄んだ湖に落ちてもがいています。助けてください」と「誰か助けて」。

どちらのほうを助けようと思いますか？

飾った文章は難解で、伝達力が低いです。単純な言葉で伝えましょう。

一２一話し言葉にならなければ、よくない文章である

文章を書いたら、かならず声に出して読みましょう。

書き言葉は話し言葉を文字にしたものなのに、話し言葉のように読めなかったら？ それはよくない文章なのです。すばらしく見せようとして書くと、ムダな助詞や接続詞が入って、呼吸が合いません。話すように読める文章がよい文章です。

考えは、まず話し言葉で表現しよう

文章は話し言葉であるということがわかりました。

現代は多様なSNSや媒体があり、話し言葉が優先なのか書き言葉が優先なのか、区分が曖昧です。まるで話し言葉のようにメッセージをやり取りしています。

しかし、このような混乱した状況でも、まずは口に出してみるとわかりやすくなります。

3つの理由を説明しましょう。

ー1ー 考えが整理される

口に出すと、考えが整理されます。

漠然とした悩みも、話してみると何が問題だったのかが明確になり、どうやって解決すべきかが整理され、そこまで悩むことではなかったと気づくことがあります。

どのように文章を書くべきか悩んで、テーマについて同僚に話してみたら、急にストーリーの流れを思いついたことがありました。同僚に話を聞いてもらっただけなのに。

論述スクールでは、このような理由から、書く前に口に出して表現するように教えます。ハーバード大学の学生は討論で自分の考えを鋭く整えます。

言葉を吐き出す前に、脳が整理するのを利用するのです。試験期間中、友人に教える方法で勉強する学生もこの脳のしくみを利用しています。

―2― 新しい考えが生まれる

グーグルの事務室はパーテーションが低く、となりの人と簡単に話せます。

どのスペースにいても、3分もしないうちにほかの職員に会えます。会えば話をします。会話をすると新しいアイディアが浮かんできます。

そこには、自然な出会いの中から革新的なアイディアを生み出そうという会社の意図が隠れています。知らず知らずのうちに、会社のために働いているのです。

―3― 読者の反応がわかる

著者は読者に直接会うことはできませんが、話すときは聞き手が目の前にいます。すぐに反応がわかります。

説明したのに理解されなかったり、聞き手が冴えない表情をしていれば、テーマや事例、例示、方法を変えなければなりません。

言葉のもっとも大きな効果です。

02 いい文章とは、簡単な文章

いい文章は感動を与え、記憶されやすい

南北戦争でもっとも残酷だったゲティスバーグの戦いから４カ月後、戦死した兵士たちのために国立墓地の奉献式が行われました。

当代きっての雄弁家エドワード・エヴァレットの演説とアメリカ大統領による献呈の辞が準備されました。

式の順序通り、エヴァレットの演説が始まりました。１万３６０７単語の演説を２時間近くしました。

その次がリンカーンの献呈の辞でした。

壇上に上がったリンカーンは次の言葉で始めました。

「87年前、我々の先祖は、自由の中に命を宿した国、すべての人は平等であるという信条に捧げられた新しい国を、この大陸に誕生させました」

そして、

「人民の、人民による、人民のための政治が未来永劫地球上から消えないよう、皆で力を尽くそう」

と締めくくりました。

2分間、266単語の演説でした。

この演説は今でも取り上げられ、愛国的な行動の伝統として学生たちが暗記しています。

多くの文筆家や詩人も引用しています。一方、同じ場で演説したエヴァレットの演説内容を覚えている人はいません。

ここからふたつのことがわかります。

—1— いい文章とよくない文章がある

私がどんなに簡単な内容を伝えようとしても、読者が理解しにくければ、難解な哲学書『純粋理想批判』を読むのと同じです。よくない文章なのです。

文字と言葉は、受け取る人、読者次第だということを肝に銘じなければなりません。読者に配慮して最大限やさしく書きましょう。

—2— いい文章とは感動を与える文章

当然のことです。リンカーンの最後の短い文章は、アメリカすべての国民に感動を与えました。

さらに、1958年のフランス憲法では、フランス共和国を「人々のための、人々による、人々の政治（gouvernement du peuple, par le peuple et pour le peuple)」と定めました。

いい文章は空間や時間を越えて人々の心に永遠に記憶されるのです。

いい文章を書く12の方法

いい文章とよくない文章があること、いい文章には強い力があることがわかりました。
どうすれば感動を与えるいい文章を書けるのでしょうか？
詳しい方法を見ていきましょう。12の方法があります。

—1— 短く書く

リンカーンの演説からもわかるように、いい文章の基本条件は短いことです。

実学者〈朝鮮王朝の中期に起こった、実事求是と利用厚生を提唱した学問〉の中でもっとも博識だった李《イ》徳懋《ドンム》は次のように言っています。「簡略ゆえに骨がすべて見えてはならず、詳細ゆえに肉厚になってはならない」

—2— やさしい言葉で書く

むずかしい用語を使えば、ハイレベルでいい文章になるのではありません。

むずかしい用語は噛みくだき、誰でも理解できるように書きましょう。記者は中学校1、2年生の水準で書くようにと言われます。**しかし、私はしばしば小学校5年生の水準に合わせて書きます。**読者の目の高さに合わせて、やさしい言葉で書きましょう。

―3― 要点を明確に押さえよう

文章を読んでも、何を言っているのかわからないことがあります。それはよくない文章です。ひと目で書き手の意図がわかるように、要点とテーマが見えるように書きましょう。テーマと要点のポイントを押さえてあげましょう。

―4― 正確な事例を挙げよう

事例は、公認されていて、根拠が明確なものを使用します。不確かな事例や例示は、文章の信頼度を落とします。

―5― 使い古された隠喩、直喩、比喩はやめる

ありふれた表現を使うのはやめましょう。

「火を見るよりも明らかだ」、「私の心は湖」のような表現は、文章をつまらないものにします。新しい表現を探しましょう。

―6― 数値は想像しやすくする

「新しく建設される競技場は、1万6000平方メートルです」
「新しく建設される競技場は、サッカーコートふたつ分です」
これらの文のどちらが想像しやすいでしょうか？

「30％が感染しました」という表現よりも「10人中3人が感染しました」としたほうが、より早く確実に想像できます。

―7― 事実を書く

主張ではなく事実を書きましょう。

自分の考えだけを書くと、文章の力がなくなります。「そのように仕事をしては、目標値に到達できないでしょう」ではなく、「そのように仕事をしては、生産力が30％落ちる

ので目標値に到達できないでしょう」と事実を書きましょう。

―8― きちんとした構成

文章の全体的な構成、骨組みをきちんと組み立てなければ、伝達力が下がってしまいます。流れに乗って、読者がわかりやすく読めるようにします。

構成、骨組みがうまく組み立てられないと、テーマが散漫になり方向性が違ってしまいます。読後、読者が筆者の考えとは異なる理解をしかねません。

―9― リズムをつくる

「人民の、人民による、人民のための政治」。リンカーンの演説のように、**短い文章を組み合わせると、いいリズムが生まれます**。読んでいて楽しくなります。

―10― 話し言葉で書く

文字と話し言葉はひとつです。文字が話し言葉、話し言葉が文字です。つまり、話すように書けばいいのです。

11 余韻のない、明確な結論を書く

結論を決めずに、余韻を残す作家もいます。**読者はイライラします。**そしてこう言います。「だから何なんだ！」

明確な結論のない文章は、読む意味のない文章になってしまいます。

12 くり返す

自分の主張、話の要点を正確に伝えるには、2回以上くり返しましょう。文章のつくりの中でもっとも多く使われる「結論先行型」です。

『大統領の作文』（未邦訳）で、金大中《キムデジュン》元大統領は、「すべて理解しているように見えても、実際に覚えている人は多くない」からとカン・ウォングク作家にポイントをくり返すことを注文したという内容が出てきます。

すべての方法を見てきました。

いい文章を書く方法は、じつに12個もあります。

12という数字が、少しばかり負担に感じられるかもしれません。その上、書き方を詳し

く教えることもしませんでした。急に書くことが怖くなったかもしれません。

しかし、心配はいりません。ほかのパートで、またそれぞれの項目別に詳細と説明、習得する方法を記しておきました。真似さえすれば、簡単にすばやく会得できるでしょう。

いま、あなたがわかっているのは、いい文章とは読者が読みやすく理解しやすい文章であることです。

12の方法はただひとつの目的のためにあります。

文章を書くときはいつでも、いい文章を書こうという気持ちで、12の方法を利用してください。いい文章は感動と気づきを読者に与えます。

03 読者が目の前にいる気持ちで書けば上手になる

読者を明確に設定しなければならないふたつの理由

「どんな小説家にも、かならずひとり、仮想の読者がいると思う。そして小説を書いている間、作家は時折このような思いに駆られるものだ。あの人がこの部分を読んだら、どう思うだろうか?」(翻訳者訳)

これは、世界的スリラー小説家であるスティーヴン・キングによる『書くことについて』

（田村義進訳、小学館、2013年）での言葉です。

「書くとき、読者がいると考える」のはスティーヴン・キングだけの創作技法でしょうか？

そうではありません。

文章を書く人は、かならずその文章を読んでくれる読者を想像して書くべきです。

それにはふたつの理由があります。

―1―読者という道しるべをたて、目的に忠実な文章を書くため

メッセージ、Eメール、報告書など、機能的な文章を作成するときの悩みは、つぎの3つです。

1／文章を書く目的

2／読者は誰か

3／語調をどうするか

報告書の目的は説得、読者は上司です。語調は丁寧に作成しましょう。

幼稚園のおたよりの目的は伝達、読者は父母と先生です。親しみのある語調で書きます。

企画書は説得が目的で、読者は顧客です。信頼を得られる語調で書かなければなりません。

ここで、読者の設定を誤ると、文章の方向性が違ってきてしまいます。**明確に読者を設定することにより、事例、例示、根拠を緻密に準備できるようになります。**

「読者が望むこと」という道しるべをきちんとたてなければ、文章は正確な方向を見つけて前に進んでいけません。

2 明確な読者設定は多様な話のネタをつくる

みなさんに読者を指定せずに「愛」について書くという宿題を出したとします。何行書くことができるでしょうか？　せいぜい2行です。

ここで、別の宿題を出しました。娘や息子、愛する妻、信頼できる夫、いつでも自分を信じてくれる父母のうち、ひとりに宛てた「愛」についての文章を書いてもらいました。あなたは書くように言ったそばから書き始めるはずです。ふたりだけの幸せだった瞬間、さびしかった瞬間が思い出され、話のネタがどんどん湧きあがってくるのです。

読者設定が漠然としていると考えも漠然としてしまいます。

文章で、どのようにしてすべての人を満足させるのでしょう？

あらゆる人を満足させる文章を書かなければならないという考えは、小さな箱に思考を固定するという過ちを犯しているようなものです。**こうして書いた文章は、抽象的であったり一般論に流れたりする、空虚な文章になります**。

文章を書く目的を設定するとともに、明確な読者を設定しましょう。

読者を分析する

こうして、読者を設定しました。では続いて何をするべきでしょうか？

読者の分析です。

読者の状況に合わせて例示、事例、語調、アプローチ、流れなどが変わってきます。これらは、目的のために戦略を立てる基礎材料になります。『孫子の兵法』にある「知彼知己」の「知彼」、「彼を知る」という部分です。分析は次のようにしましょう。

・年齢や世代

・性別
・教育水準
・自分との関係：友人／同僚／顧客／上司／部下
・宗教
・趣味
・政治的傾向
・自分が語ろうとしている内容についての読者の考えや信念

「彼を知り、己を知れば、百戦殆《あや》うからず」といいます。

文章を書く目的は、読者に感情の変化を与えたり、変化した行動を引き出したりするものです。正確な読者分析をすれば、最低限、最後まで読ませることができます。

心の読者とコミュニケーションをとる

『作文のバイブル』（未邦訳）で、カン・ウォングク作家は『カン・ウォングクの作文』（未邦訳）の執筆時、前の職場で一緒だった30代の女性を心の中の読者に設定したと語っています。理由は、文章術の本の読者に30代の女性が多いからです。

また、その女性と頭の中で対話もしながら、彼女の声を聞き、彼女が知らないであろうことを詳細に書きました。

私も、子どもの聞くこと、話すこと、読むこと、書くことについての本『ハーバードキッズ上位1％の秘密』（未邦訳）を書いたとき、年齢は40代初めで、小学生の娘ふたりと3歳の息子を育てていた妹を読者に見立てました。ときどき電話をしては「これは親としてどう思う？」と尋ね、それに答えるように書きました。

実際に存在していなくても、心の中の読者と話しながら、読者が必要としていて足りないものを埋めてあげられる文章を書けばいいのです。読者と対話しましょう。

ヴァージニア・ウルフの言葉で締めくくります。

「読者が誰であるかがわかれば、どのように書くべきかがわかる」

04 短い文章にすればするほど、間違いがなくなる

短ければ文章は間違わない

「機長の文章が読めません。ひとまず文章を短く切って、段落も細かく分けてください」

これは何の話でしょうか？

私が足を怪我して入院していたときのことです。あるパイロットの方から連絡がありました。２０２２年3月、国内最大の山火事「蔚珍《ウルジン》—山陟《サムチョク》山火事」を記憶するエッセイの公募選に出品するので手伝ってほしいというものでした。

文章を学ぶのに苦労した私は、その頼みを振り切ることができず、原稿をメールで送ってほしいと言いました。そして、添付ファイルを開いた瞬間、頭はこんがらがり、目がぐるぐる回りました。

一文が長すぎて、何を言っているのか理解できませんでした。**段落も分けておらず、主張したいこともわかりませんでした**。こう言ったかと思えば、ああも言う。添削自体が不可能でした。

この方に文章を短くする要領と段落を分ける方法を教え、修正後に再度送ってほしいと連絡しました。その後、原稿は読めるようになり、添削指導をしました。

三度の添削の末、無事公募選に出品。1カ月後に奨励賞を受賞したという連絡をもらいました。

文章は短く、単語も短く。短いことが正義

文章は、これ以上短くできないところまで短くしましょう。つまり、短文で書かなけれ

ばなりません。5つの理由を説明します。

—1— 書きやすい

—2— 間のびせず、読者に強く伝えられる。信頼感がある

—3— 理解しやすい

—4— 短文で書くと文法を誤る確率が低くなる。いや、完全になくなる

—5— リズム感が生まれる

まずひとつ目から4つ目までを一度に説明します。

文章は「主語（私は）＋述語（歩く）」が基本です。

ここにほかの成分である目的語と補語を入れていきます。

・目的語：主語（私は）＋目的語（散歩道を）＋述語（歩く）

↓私は散歩道を歩く

・補語：主語（私は）＋補語（ゆっくり）＋述語（歩く）
↓私はゆっくり歩く
・目的語、補語：主語（私は）＋補語（ゆっくり）＋目的語（散歩道を）＋述語（歩く）
↓私はゆっくり散歩道を歩く

だんだんと長くなっていきます。

脳は文字を読んだり書いたりするように進化していないという話をしました。**文章が長くなると多くのエネルギーを消耗するため、脳が読むなと命令するのです**。

文章を書いた本人も、何を書いたのかわからなくなります。自分が書いた文章を、暗号を解読するかのように読むのです。

文章は言葉、言葉は文章です。

韓国を代表する児童専門家オ・ウンミョン博士は言います。36カ月の子どもの行動の矯正をするときは、短く簡潔に、明確に話すように、と。短い文章は短い言葉のように、そ

れほど強烈だという証拠です。

文章を短く書けば、文法を誤ることもありません。

主語と述語が不鮮明である、主語と述語がふたつ以上ある、重ね言葉、単語が重複している、誤った呼応の副詞など、よくない文章の要素はすべて除去されます。まったく生じないのです。

文章が短ければ、書くことも簡単です。文章が書けない人ほど一文を長く書きます。

短い文章のほうが書きやすく効果的なのに、なぜ長い文章を書こうとするのでしょうか？　理由は国語教育にあります。国語の教科書では、完成度の高い長文をいい文章だと紹介しています。それを手本として学生たちは真似して書きます。

その長文を書いた人は、作文の最高峰に登りつめた人で、前後の文章は短文であるという事実までは教えてくれません。

「文章が短いと、言いたいことすべてが伝えられない」

「内容に忠実でなくなってしまう」

このような不満が出てくるでしょう。

説明の代わりに、韓国の文学作品で300刷以上発刊された『こびとが打ち上げた小さなボール』を例に挙げます。小説の冒頭の文章です。

> 数学担当教師が教室に入っていった。教師は本を持っていなかった。生徒たちはこの教師を信頼していた。この学校で生徒に信頼されている、唯一の教師だった。（斎藤真理子訳、河出書房新社、2023年）

短い文章の連続です。形容詞、副詞はありません。事実だけを書いています。

話を進めていく中で、文章の数が増え、補充説明をするかのように続いていきます。これが重要なのです。

文章は短く切り、補足説明が必要であれば文章の数を増やす。それを続けていく。

20年前この小説を読んだとき、負担なく読みすすめた記憶があります。今になって、一文が短かったからなのだなと思いました。

5つ目の理由であるリズム感。これを説明すると、人々は首をかしげます。

文章にリズム感があるのでしょうか？　韓国には、時調〈朝鮮固有の定型詩で、音数律は3・4、4・4が基本調〉があります。

時調を使った詩は、暗唱すると、自然とリズムに乗れます。

時調が韻律を守るのは、この韻律に従えば自然とリズムが整うからです。時調の現代版がラップです。

このように、文章にはリズムが隠れています。

短い文章は時調のようにリズムに乗れます。間に長文をはさむのも、ひとつのやり方です。どのようにはさむのがいいでしょうか。

私の文章を例に見てみましょう。

〈短文の例〉

文章が長くなると脳が拒絶します。／イライラし始めます。／多くのエネルギーを消耗します。／脳は読むなと命令します。／書いた本人も、何を書いたのかわかりません。

〈あいだに長文を挿入して修正〉

文章が長くなると脳が拒絶します。／イライラし始めます。／多くのエネルギーを消耗するので、脳は読むなと命令します。／書いた本人も、何を書いたのかわかりません。

短文の例を読むと速度とリズムが生まれます。**しかし、休むポイントがなくて残念なのと、リズムの変化もないので単調に感じられます**。

修正したほうは、中間の2文を1文にしたことで息継ぎができるようになり、リズムに変化が生まれました。

作文を学ぶ段階であれば短文から書き始めるのがよいでしょう。**そして推敲するとき、リズム感が生まれるように修正します**。

この技術は、記者が短い記事や社説を書くときに使う方法です。

リズムに乗っていないと、読者が読みにくいからです。

参考までにですが、演説文にもこの方法は使えます。

ひとつの段落に、ひとつの主張

段落とは何でしょうか？

段落は、ひとつの中心的な考えにもとづいて、いくつかの文章で構成される言葉の単位です。したがって、思考の展開の単位でありながら、文章の内容がどのように展開するのかを一目で把握できるようにしてくれます。

なぜ私は、段落の説明をしたのでしょうか。それは、段落を細かく分ける理由を知るには、段落の役割を知らなければならないからです。

前にお話したパイロットの事例で説明しましょう。

パイロットのエッセイの初稿が読みづらかったのは、一文が長かったのもありますが、**何を言いたいのかがわからなかったためでした**。

彼は自分が今何の話をしているのかわからなくなり、話が行ったり来たりしていました。

段落を分けられず、ひとつの段落内にいくつもの考えが詰め込まれた、典型的な事例でし

た。

ひとつの小さな話、ひとつの場面、ひとつの事例、つまり**「ひとつの段落に主張はひとつ」**ということを知らなかったのです。私は、この部分で表現したいひとつの主張、一場面を単位として、段落を小さく分けるようにと言いました。そうして段落がバラバラになってようやく、文章は読めるようになりました。

ひとつの段落にはひとつの主張――簡単に言えば、いま伝えたい話、事例、例示、場面説明ごとに細かく分けましょう。

こうすると、深淵に沈んでいた話が浮かんできます。自分の考えがおのずと整理されます。考えがレゴブロックのように塊になっていきます。

すると、ブロックをつかんで、文章の流れに合わせてはめることができます。小さい小さい欠片にして、またくっつけます。自分が言いたいことを、まずは自分が知ることが重要です。

切る分量は決められている

なぜ文章を短く切り、細かく分けるのかがわかったと思います。

しかしもっとも重要な核心部分に触れていません。どのくらいの分量で切って、分ければいいのでしょうか?


文章から説明します。

ワードを起動させたとします。そのほかの操作をせず、そのままキーボードを叩いて文章を完成させるとき、一文は、一行の70%までがもっとも適切な長さです。肝に銘じてください。70%です。いちばん長くても一行と半分までです。

とある本では、文字数が30~50字、12~15単語と説明していますが、これはまったく意味のない数値です。書くだけでも大変なのに、文字数や単語数を数えるなんて。ありえません。目で見てすぐ確認できる70%、そして一行半。何度でも胸に刻みましょう。

次は段落です。
ひとつの段落に文は3~5つ程度が適切です。たまに、45から最大でも64単語を超えないようにと、単語数で説明している本もあります。

しかしこれも無視しましょう。

ひとつの段落には、３〜５つの文です。

肝に銘じましょう。

文章の数はひと目で確認できます。もし、ブログやＳＮＳに上げる文章であれば、もっと細かく分けましょう。そうすればスマートフォンやモニターで読みやすくなり、可読性が上がります。

最後にもう一度整理します。

・**絶対原則その１：文章は一行の70％が適切。最長でも一行半を超えない**。
・**絶対原則その２：一文に一概念、一段落に主張はひとつだけ**。

05 力がない文章には理由がある

受動的な行動や考えが気力をなくす

時代は変わりました。「最近の兵役の何がつらいんだ」という人もいます。

客観的に比較して、兵役の環境は昔よりかなりよくなりました。食事、宿舎は普通の寄宿舎よりもよく、暴力や侮辱行為もほぼありません。もしそういったことをしてしまったら、刑事告発による実刑に処せられます。

スマートフォンの支給で外部と連絡もでき、希望すれば学業も継続できます。

それでも軍隊での生活はたいへんです。理由はたくさんありますが、大きくふたつのこ

とがいえるでしょう。

①人身の拘束

②受動的行動と思考の強要

①の人身の拘束は、刑務所を想像すればいいでしょう。自分が望まなくても入隊しなければならず、決められた宿舎、塀の中で生活しなければなりません。

②の受動的行動と思考の強要は、兵役を経験した人でなければよくわからないかもしれません。

兵士は正確な指示とマニュアルを、疑いなく質問もせずに実行しなければなりません。能動的な思考や指示をするのは将校だけです。

一日中受動的に動いてから、自由時間の3、4時間だけが能動的に考えられる時間です。第四次産業に合わせて能動的で自由奔放な教育を受けた子どもたちが、受動的な行動と思考を強要されたら、どれほどつらいでしょうか。

受動的な行動と思考の強要は、人を疲れさせ怠惰にします。

受け身の文章は疲れる

受動的なことがどれほどよくないかがわかりました。

文章では、しかし悪い受動型の文章を、考えもなく書くことが問題なのです。それも意識せずに。

まずは能動型の文章と受動型の文章の定義を見てみましょう。

能動型は主語が行動する文章で、受動型は主語が行動される文章です。例を挙げます。

チョルスが報告書を作成しました。（能動型）

報告書はチョルスによって作成されました。（受動型）

客がドアを開けました。（能動型）

ドアが客によって開けられました。（受動型）

どう感じますか？

能動型のほうがより簡潔です。

受動型の文章が体を縮こめているとしたら、能動型は体を開いています。スティーヴン・キングも『書くことについて』で、**受動態の文章を1ページ分読んだら疲れ果ててしまう、と語っています**。習慣的に言葉や文章に受動型を使用して、周囲の人々を疲れさせてはいませんか？

受動型の文章は、自分の意思を言わず、巧妙《こうみょう》に隠して逃げ場をつくります。受動型の文章は、適切に判断、行動するための選択ではなく、命を守るために必須だったのです。

能動的に考え行動しなければ、能動的な文章は書けません。

もしあなたが受動的な文章を書いているならば、心が何かに閉じ込められていないか、責任を回避したい気持ちはないか、考えてみましょう。そして能動型の文章に直すのです。気持ちが受動から能動へと変わります。能動的に行動すれば、何でも成し遂げられるのです。

その文章に力がないと感じたら、受動型で書いていることが多い

もっとも簡単な方法は、主語を生きている生物に変えることです。主語が無生物だと、当然、受動型で書くことになります。

明かりはチョルスによって点けられた。（受動型）
チョルスが明かりを点けた。（能動型）
報告書がチョルスによって提出された。（受動型）
チョルスが報告書を提出した。（能動型）

このように、主語の位置を変えただけで、能動型に変わります。

文章を書いていると、受動型の文章を書かざるをえません。必要であれば書きましょう。

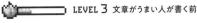

注意すべき点は、二重の受動文にならないようにすること、受動型をつくる動詞に加えて受動型の文法で文章をつくらないようにすることです。

問題は、よくわからないまま使ってしまうことから発生します。

推敲して、文章に力がないと感じたら、受動型の文章が多くないか、いま一度確認しましょう。

文章に力を宿したいですか？
では、能動型の文章を使いましょう。
そうすれば文章に力が宿ります。

06 夜通し読ませるストーリーをつくりたいならまず構成を丸暗記

起承転結で考える

物語でもっとも多く使われる構造が起承転結です。4コマ漫画や短編小説はこの構造に沿って、長いドラマや映画は起承転結の中にさらに小さな起承転結をつくってストーリーを進めていきます。起承転結の構造を説明しましょう。

起：テーマをたてる段落で、ストーリーのはじまり

承：「起」でたてたテーマを発展させていく段階で、内容が本格的にはじまる部分

転：場面が転換したり、葛藤が最高潮に達して、事件の変化がある
結：葛藤が解消され、ストーリーが終わり、結論が出る

物語の構造に適用してみましょう。
『春香伝』〈朝鮮王朝時代の代表的な小説のひとつ〉を例にします。

起：特権階級の両班《ヤンバン》の息子である李夢龍と
身分の低い妓生《キーセン》の娘である春香が恋に落ちる
承：李夢龍は科挙を受けに行く。春香は高官ピョン府使の夜伽を拒否して牢獄に入る
転：暗行御史《アメンオサ》〈朝鮮王朝時代、勅令で地方行政や民情を探るため潜行した臨時の勅使〉**となった李夢龍が物乞いのふりをして捜査を続け、ピョン府使を罰し、春香を助ける**
結：李夢龍と春香は幸せに暮らす

起承転結では、「転」がもっとも重要です。事件の進行方向が突然変わるからです。「おお！」と、観客が驚き、好奇心を抱く部分です。

ここで、起承転結を論理的な作文に適用してみましょう。パク・ジョンイン記者の『記

者の作文』（未邦訳）を参考にします。

起：正月に子どもたちと慌ただしく本家へ行く
承：伯母と妻が台所でせわしなく膳の準備をしている。男性陣はただ座っている
転：昔ニュージーランドで、マオリ族の家に招待された話をする。正月、男性たちは燻製の豚肉料理をつくり、逆に女性と子どもが楽しい時間を過ごしていた
結：我々も正月の文化を変えるべきだ

24年を超える記者の技が見える構造です。ストーリーの展開に起承転結を組み込み、読者が興味をもって最後まで一気に読ませるおもしろさがあります。文章を書く者が追求すべき構造です。

しかし短所もあります。揺るがない技術が必要な点です。

ではどうすればいいのでしょうか？

楽しく聞いていた昔話の要素を分析してみるとわかります。

ストーリーがおもしろくなる4つの要素を少しずつ入れよう

昔話がおもしろくなる要素は、教訓、葛藤、試練、幸せな結末の4つです。『コンジパッチ伝』〈韓国に伝わる昔話のひとつ〉や『シンデレラ』を考えてみるといいでしょう。

教訓と葛藤はわかりやすいので説明するまでもないでしょう。注目すべきは、「試練」と「幸せな結末」です。

試練は読者をストーリーに没入させます。**主人公が乗り越えられなさそうな試練であればあるほど、読者はより楽しめるのです。**試練を克服する主人公が幸せな結末を迎えれば、読者は主人公を自分と重ね合わせ、カタルシスを感じます。結末が主人公の成長であれば、より一層いいでしょう。

ストーリーがおもしろくなる要素4つがわかりました。ではどのようにして文章の中に落とし込むのでしょうか。方法はふたつあります。

―1― エピソードに短いストーリーを入れる

「小学校に入学して3カ月で退学になったトーマス・エジソンも、古典を読むことで新しく生まれ変わった」よりも、「ある子どもがいた。事物に多くの好奇心をもっていた。質問や知りたいことが多く、**学校に適応できずに3カ月で退学となった**。母は幼い子どもと一緒に古典を読んだ。のちにこの子どもは、世界的な発明家となる。この子どもは誰だろうか？　エジソンである」

単純なエピソードに肉づけし、短い物語をつくりました。

歴史的人物のエピソードのほとんどが試練、葛藤から成功するもので、物語を挿入しやすいです。

―2― はじめにエピソード、中間に論理、最後に成長を入れる

序文に、文章を書く理由を述べます。悩みを書くのか、後輩の切実な願いがあって書くのか、あるいは社会に言いたいことがあるのか、エピソードをストーリーとしてつくります。それから論理を展開していきます。

最後には論理についての結論を出し、自分がどのような成長を遂げたかを説明して締め

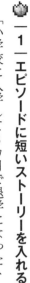

くくります。

2016年、ハン・ウソン作家の『美しい英雄　金永玉《キムヨンオク》』〈韓国の小学校の教科書で紹介されている韓国系アメリカ人の軍人についての伝記。第二次世界大戦と朝鮮戦争で活躍した〉読書感想文の大会で、私はこの構造に老兵の成長を組み込んだ結果、空軍1位で参謀総長賞を受賞しました。

叙事的なストーリー構造はかならず入れなければなりません。そうすれば、読者の関心をひき、おもしろく読んでもらえるのです。

コンテンツの中にストーリーを入れると、5%しか頭に残らない内容が65%も残るようになり、記憶に残るだけでなく連帯感まで生まれます。

起承転結の構造でストーリーを引っ張っていくのが理想的ですが、多くの人は試練と成長についてのエピソードを文章のはじめと最後に部分的に入れてしまいます。

それでは、小説『ジャングル・ブック』の著者ラドヤード・キプリングの言葉で締めます。

「歴史を物語で伝えれば、決して忘れることはないはずだ」

07 冒頭と最後の一文が、その文章を歴史に残す

読みたくさせるにはまずタイトル

『You Excellent：賞賛の力』、これは本のタイトルです。

読みたくなりますか？　「どうだろう？」となりそうです。

では『Whale done!』はどうでしょう？　直訳すると「鯨が成し遂げた」です。

これは意訳すると「Well done」、よくやったという意味になります。

いったいどんな本なのでしょうか。『Whale done!』（未邦訳）は『クジラもほめればダンスする』という本の原題です。

この本は、タイトルを変えただけでベストセラーとなりました。

「ヨーロッパには幽霊が出る。共産主義という幽霊が」

「すべての国の労働者よ、団結せよ！」

とある本の冒頭と最後です。

私はこの冒頭の一文に鳥肌が立ちました。これはマルクス・エンゲルスの『共産党宣言』の冒頭と最後の文章です。

強力な好奇心で人々を導き、扇動により最後を飾る。ひきこまれずにはいられません。キャッチーな冒頭と最後の文章は人々の心をつかみ、共産主義旋風は半世紀ものあいだ世界を席巻したのです。

なぜ私はタイトルと冒頭・最後の文章について取り上げているのでしょうか？

話に関心を持たせるのがタイトル、気になって続きを読ませるのが冒頭の文章、内容をずっと記憶させるのが最後の文章だからです。

タイトル、冒頭の文章、最後の文章の順に説明します。

タイトルはストーリーの羅針盤

「30－3－30」の法則があります。これはタイトルの重要性を表す法則です。**30秒間、タイトルと副題を見て、読者は読むか読まないかを葛藤します**。読もうと思ったら、3分間集中して冒頭部分を読みます。そして気に入れば残りを30分間読むという法則です。

読む気にさせるタイトルの重要なポイントはふたつです。

―1― ストーリーの性格と方向性がわかる

「どのような性格の文章で、どのように進んでいくのか」ということをタイトルから読者は予測します。タイトルは、何についての説明、主張、強調であるのかという情報を、前もって読者に伝えます。

また、作者によっては羅針盤のような役割もはたします。

文章を書いていると、テーマがぶれたり、逸脱してしまう場合があります。

タイトルを見れば「あ！　私はこのテーマで書こうとしていたんだ」と文章の機首を正しい航路に戻せるのです。


このように、文章を書く前にタイトルを決めておかなければなりません。

タイトルを決めずに書くのは、方向を決めずに航海するのと同じです。

もちろん、書き始める前のタイトル決定に時間をかけすぎてはいけません。**しょぼくても坐りが悪くても、早く決めて文章を書き始めましょう。**

そして、書き終えてから全体を見て、かならず洗練されたタイトルに変えます。このときに多くの時間を割いて悩まなければなりません。

―2―核心の内容がまず目に入ってこなければならない

タイトルで内容を伝えるということです。新聞記事の場合、見出しと最初の文章だけでも記事の80％を理解できます。読者がそれだけで情報を得られるようなタイトルを決めましょう。

強烈な最初の一文ができれば、最後まで読ませる

「ある朝、グレゴール・ザムザが不安な夢から覚めると、彼はベッドの上で一匹の大きな虫に変身してしまったことに気づいた」

アンケートのたびに、世界でもっとも偉大な最初の一文として選ばれるフランツ・カフカの『変身』の冒頭部分です。主人公の姿が自分の姿ではないかと、おもしろく読める作品でもあります。

この文章に、最初の一文をどのように書くべきかの答えがあります。読者の立場と作家の立場で分けてみましょう。

読者は、最初の一文で最後まで読まずにはいられなくなります。人が虫になった。気になることが押し寄せてきて、つづきが読みたくなります。

一方、作家は最初の一文で最後まで書かずにはいられなくなります。

意味深長に最初で話題を振っておいて、そこでとまるわけにはいきません。敷いた伏線は何としてでも回収するのが作家の義務です。

ではどのように始めればいいのでしょうか？

始めるには、6つの方法があります。ペク・スングォン作家による『はじめての作文』（未邦訳）の分類法を参考にしました。

―1― 概要で始める

「今日の話は○○です」「○○について説明します」など、「私の話はこうだ」と語りましょう。**特別な演出も必要なく、安定的です。**

―2― 定義を下す

「職場は最高の福祉だ」「不動産の価格は庶民生活そのものだ」

これは盧武鉉《ノムヒョン》元大統領の演説の冒頭部分です。このあとは、冒頭の定義について説明していきます。**中盤までは無難に進めていけるでしょう。**

ー3ー質問を投げかける

「なぜ作文はむずかしいのでしょうか」「最初の一文はなぜ重要なのでしょうか」質問を投げかけた瞬間、読者は作家の前に引き寄せられます。第三者として読んでいた読者は、次第に自身の答えを出さなければと考えるようになります。**そして、答えが出るまで読み続けます**。

作家はその答えを論理的に示せばいいのです。書きやすく、私もよく使う書き方です。

ー4ーエピソードで始める

言いたいテーマに合う事例で始めます。**物語が好きで、物語を長く記憶できる人間の習性を利用します**。かなり強力な武器となります。

ー5ー引用で始める

引用は他人の権威を借りてくる行為です。**最初の一文を引用で始めると、文章に権威をもたせることができます**。引用文は本文で何を主張したいのか知らせ、主張の妥当性を高めるのにも役立ちます。

—6— 突拍子もない話で始める

突拍子もない話で関心を集め、最後にそこに隠れた内容を語って、読者に洞察を与えましょう。これには緻密な構成が必要です。権威ある作家にのみ許される方法です。

しかし、もし普通の人が使ったら、冒頭部分だけ読んだ読者は意図を誤解するかもしれません。

緻密なストーリー構成や権威がない状態では使わないほうがいいでしょう。

強烈で有名な冒頭の一文を、例として挙げておきます。

「見捨てられた島々にも花が咲く」（金薫《キムフン》『孤将』（蓮池薫訳、新潮社、2005年））

「みんなが父さんを『こびと』と呼んだ」（チョ・セヒ『こびとが打ち上げた小さなボール』（斎藤真理子訳、河出書房新社、2023年））

「ぼくは自分の父親の死刑執行人である」（チョン・ユジョン『七年の夜』（カン・バンファ訳、書肆侃侃房、2017年））

「母さん《オンマ》の行方がわからなくなって一週間目だ」（申京淑《シンギョンスク》『母をお願い』安宇植訳、集英社文庫、

2011年）

「『剥製にされた天才』をご存じですか？」（李箱《イサン》『翼』斎藤真理子訳、光文社、2023年）

最後の文章は、気持ちと行動に変化を与える

最後の文章には3つの機能が求められます。

—1— 今まで読んできた文章の内容をふたたび喚起し記憶させる

文章を読んで考えると疲れます。最初に何を言っていたのかを思い出せずにこんがらがります。筆者の言いたいことが、頭の中で整理できそうでできません。

このとき、テーマを含む最後の文章があれば、筆者が言わんとしていることに読者は気づくことができるのです。

―2― 文章の内容を長期間記憶させる

本を読み終えたときは内容を覚えていても、数日経つと揮発《きはつ》して消えてしまいます。**最後の文章が力強く胸を打つと、文章の感動や感覚、テーマを読者の記憶に長く留めることができます。**最後の文章を思い浮かべると、本を読んだときの感動がよみがえり、内容を思い出します。

―3― 行動と感情に変化を起こす

文章の全体的な雰囲気、あたたかさ、余韻、苦しみなど、文章から感じた気持ちをより強くします。

行動の変化については「すべての国の労働者よ、団結せよ！」という『共産党宣言』の最後の文章で締めようと思います。あまりにも多くの行動の変化を引き起こし、半世紀ものあいだ世界中を騒がせた一文です。

> 最後の文章を書く方法をまとめると11あります。参考にしてください。

①テーマを再度強調する
②提案、訴え、呼びかけをする
③未来の青写真を提示する
④約束する
⑤引用文で締める
⑥結論を出す
⑦要約する
⑧解決方法を提示する
⑨判断と決定を下す
⑩これまで述べた主張を再度強調する
⑪質問する

08 ストーリーに生命力を吹きこむのは具体的な会話

つまらない文章は、たいてい叙述だけの文

自分で話を書いて読んでみたら、力がなく、つまらなくてのっぺりしている。読み続けたい気持ちにもならない。一体何が問題なのでしょうか？

解決策は、セリフを入れ、具体的に表現し、描写することです。

しかし、セリフ、具体性、描写を語る前に、なぜのっぺりしたつまらない文章になってしまうのかを説明します。

それは叙述だけで書いているからです。

叙述のみだと……

車が電信柱にぶつかった。救急隊員が出動し、運転手を助けた。

ほとんどの文章は、このように時間の経過に沿って書かれています。これを叙述といいます。こう書けば、筆者の意図が如実に表せます。

しかし、短所は緊迫感や状況が伝わりづらいことです。おもしろみに欠けるのです。

このように叙述だけで書いてしまうのはなぜでしょうか？

それは、あなたが叙述の文章だけを教わってきたからです。

この文章をセリフ、具体性と描写で変えてみましょう。

セリフ、具体性、描写を使うと……

黒い車が大通りの電信柱にぶつかった。バンパーが割れ、フロントガラスに赤黒いドライバーの血が飛び散っていた。

「退いて！」

担架を持って駆けつけた消防隊員が叫んだ。汗が目を伝って頬まで流れていた。

こう書くと、まるで現場を見ているようではありませんか？　雰囲気が一気に変わりました。映画のように場面が描かれています。

大切なのは「説明ではなく、見せる」ことなのです。そのとき使う道具が、セリフ、具体性、描写です。

読みやすくしたいならセリフを使う

叙述のみだと……

私は操縦桿《そうじゅうかん》をつかめと副操縦士に叫んだ。

セリフを使うと……

「操縦桿をつかめ！」

副操縦士に叫んだ。

コックピットの緊迫感が伝わってきましたか？

セリフはそれ自体が短い文章で、話し言葉なので読みやすく、緊迫感を表現するのに適していて、可読性を高めます。長い説明がなくても現場の雰囲気や感情が伝わってきます。

読者は考えたり悩んだりしません。このような読者の特性から、可読性が重要なウェブ小説ではセリフが多く使われています。

擬声語や擬態語までセリフのように使えます。退屈になりがちなエッセイや紀行文の合間におもしろいセリフをひとつふたつ入れると、読者は最後まで楽しく読めるでしょう。

具体的な表現は、場面へ読者を引きずり込む

スティーブ・ジョブズがスタンフォード大学の卒業式で祝辞を述べている映像を見ました。経験、日課、愛、死について考えさせる内容でした。

ジョブズの青春時代が目の前にありありと浮かんできて、興味深かったです。

彼の演説がうまいからでしょうか？

もう一度映像を見直すと、どうも違うようです。答えは具体性にありました。

ジョブズは友人の家に居候してつらかったときのことを次のように語りました。

「5セントのコカ・コーラを売って食いつないだこともありました。毎週日曜日の夜になると、一週間ぶりのちゃんとした食事のために、7マイル歩いてハレ・クリシュナ寺院の礼拝にも行きました。本当においしかったです」

ただの空き瓶ではなく5セントの瓶、遠くまで歩いたではなく7マイル、寺院ではなくハレ・クリシュナ寺院と言っています。具体性から聴衆は想像します。**具体性は聴衆に絵を描かせ、現実だと信じさせるのです**。

このように人は具体性を好みます。

文章を書くときは、

「田舎に行ってきた」ではなく「忠清北道清州に行ってきた」

「車に乗って」ではなく「買って10年になる○○の△△モデルの車に乗って」

のように、具体的に表現しましょう。

自己紹介書にも「私は勤勉です」とは書かずに、勤勉に行動した例を書きます。地名や名称がわからなければ、インターネットで検索しましょう。

具体的な表現ひとつで文章が生き返ります。「悪魔は細部に宿る」と胸に刻みましょう。

五感で描写しよう

辞書で「描写」を引くと「ある対象や事物、現象などを言語で叙述したり、絵で描いたりして表現すること」と書いています。

「絵を描いて表現」という言葉がポイントです。言葉の通り、描くのです。リビングの様子、友人の笑う姿、デートのために一生懸命きれいに装った女友達の姿などを文章で描きます。

描写を使えば文章の表現が豊かになり、ストーリーのおもしろさを引き出してくれます。

1951年作『ライ麦畑でつかまえて』という本があります。

主人公のホールデン・コールフィールドは高校を退学になりますが、ある友人が描写の作文の宿題をホールデンに頼みます。

退学した友人に宿題を頼む？　おもしろいです。

目に留まったのは、宿題が「描写の作文」という点です。

アメリカでは作文における描写の重要性をわかっていて、すでに学校で教えていたことがわかります。文章を書く人は、描写する方法をかならず学びましょう。

描写を早く身につける方法はあるでしょうか？

あります。

五感で書くことです。

ある状況について、視覚、聴覚、味覚、嗅覚、触覚、これらで感じたことを描くのです。

表現が豊かになり、感情移入しやすくなります。

次の例文を見て、叙述と描写の違いを感じ、いくつの感覚が組み込まれているか確認しましょう。五感を使うことが描写のはじまりです。

叙述のみだと……

殴られて痛い。

五感を使った描写だと……

一発殴られて、頭が揺れ、口の中に血の味が広がり、土のにおいが鼻に抜けた。耳の中では唸《うな》るような音が響いていた。

関心と観察が描写力を高める

長期的に描写力を育てる方法はあるでしょうか？

それは、周囲や環境、あらゆるものに関心をもち、観察することです。

あるエピソードを紹介します。

フランス文壇において『ボヴァリー夫人』で有名なギュスターヴ・フローベールのところに、小説家になりたいという青年が訪ねました。

そのときフローベールは小説については何も語らず、「来るときに階段を何段上ったか？」と青年に尋ねました。

青年がわかりませんと答えると、フローベールは「君は小説家にはなれない」と言ったのです。負けん気を起こした青年は、階段を数えに行きました。

「26段です」

青年が答えると、「7段目で何を発見したか?」と、フローベールはまた尋ねました。

青年はふたたび確認しに行くと、7段目の釘が取れていました。

その次にフローベールはどんな音がしたかを尋ねました。

青年はふたたび階段を踏みに行きました。青年はフローベールが何を教えようとしているのか、気づきました。


この青年は誰でしょうか?

彼は自然主義の文学を代表する作家として、明晰な文体と素晴らしい人物・風景・心理描写の天才といわれるモーパッサンです。『女の一生』の作家として知られています。

師であるフローベールは、描写のために周囲の事物に関心をもち、観察しなければならないことを、モーパッサンに気づかせました。

09 文章は、推敲したときからようやく始まる

推敲は文章の始まり

「達人は文章を書き終えてからが始まりだと考えるが、凡人はそこで終わりだと考える」

これは、なぜ作文をむずかしいと感じるのか、なぜ見直して修正することが重要なのかを説明した文章です。見直して修正することを「推敲」といいます。

一度で文章を完成させることができるのは、すぐれた文筆家だけです。

その人たちのように書こうとしたら、文章を書けないに決まっています。**そういった心**

持ちのために、文章が書けず、書く素質がないと自責してしまうのです。

反面、達人は修正を通して文章が完成することを知っています。負担なく初稿を書きます。そして、すべて書いてから見直しと修正、推敲を通して文章を完成させます。

作家は、書く人ではなく、見直して修正する人です。

すべて文章を書き終えましたか？

そこで終わりではありません。ここからが始まりです。

文章の完成度を高めるのはくり返された推敲のみ

「全然勉強してないよ」と言いながらテストで100点満点を取った友人がいました。

はたして勉強しなかったというのは事実でしょうか？

嘘でしょう。

では、本を数日間のうちに一度で書いたという人はどうでしょうか？　信じられるでしょうか？

お答えしましょう。すべて嘘です。

このような事例のせいで、文章は才能がなければ書けないというデマが流れるのです。ある例で説明しましょう。

『オン・ザ・ロード』（2010年、河出書房新社）は70年経っても、タイム誌やニューズウィーク誌の名著百選に選ばれている小説です。

ケルアックは『オン・ザ・ロード』を、ドラッグをやりながら3週間で書きあげたといいました。

アメリカで小説家を夢見る人たちは、このエピソードを信じて彼を羨望しました。韓国版の本の表紙にもそのエピソードが載っていて、私も信じていました。

しかし、小説が完成したのは1951年、出版されたのは1957年。**実は、6年ものあいだ、絶えず推敲していたのです**。ケルアックを研究している学者は、この本の出版50周年記念日のインタビューで次のように語りました。

「ケルアックは、自身が即興的な作家で、一度書いたものは書き直さないという迷信を、あえてつくり上げた。しかしそれは事実ではない。彼は本当に最高の書き手であり、書く

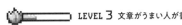

ことその過程に献身的だった[*3]」

一度に書き上げたという作家は、謙遜とマーケティングのために伝説をつくったといえるでしょう。この事例が与えてくれる教訓は**「一度に書き上げることなどない。文章は絶えず推敲することで完成する」**です。

「初稿はごみくずだ」という言葉を残したヘミングウェイは、『老人と海』を２００回以上、『武器よさらば』を50回以上書き直しました。ジョン・F・ケネディ図書館には、結末の異なる『武器よさらば』が47冊もあります。

ゲーテは『ファウスト』を60年間書き続けました。

おわかりいただけましたか？

つまり、一気に書き上げるということはありえないのです。推敲を通して文章は完成します。一生懸命推敲すれば、あなたにも書けるのです。

推敲は成長したい欲求を満たす

＊3 ライアン・ホリデイ著『創作のブラックホールを渡るクリエイターのための案内書』（未邦訳）

推敲のおもな目的は文章の完成ですが、べつの楽しみもあります。

マズローの人間の欲求5段階における最高段階は成長です。

足りない部分を見つけて推敲の原則や文章の原則にしたがって直すと、よりよい文章やストーリーが誕生します。

それをふたたび読んだときの高揚感といったら、何物にも代えられません。原石を宝石に加工するのに似た気分です。座っていてもアドレナリンとドーパミンが溢れ出ます。

書いていてもっともおもしろく、旨みを感じるのが推敲するときです。

推敲は、心構えが重要

推敲の方法を説明する前に、推敲するときにどのような心構えでいるべきかをお話しします。間違った心構えでいると、推敲の方法を正確に適用できないからです。

心構えを5つに分類しました。

1 自分の文章は直すところがあると思って見る

航空機の整備はひとつのミスでも大きな事故につながります。

先輩整備士は後輩に「どんなときでも欠陥があると思って見直しなさい。そうすればミスが見えるから」と教えます。

推敲するときも直すべきところがあると思って見直せば、視野が広がり、直すことができるのです。

2 多様な視点から見る

もともと持っている考えや信念を確認しようとする確証バイアスのため、人は文章を書いた直後に見直しても、直すところが見えません。

確証バイアスを破るふたつの方法があります。

ひとつ目は、時間を空けて見ることです。

文章を書いたあと、少し散歩に行ってから見たり、一晩寝てから見たり、出勤するときに見たり、トイレに行くときに見たりします。

スティーヴン・キングは、小説を書き終えたら部屋の隅に置いておいて3カ月後に見る

といいます。時間をおいて環境を変えましょう。

ふたつ目は、見る媒体を変えることです。

モニターで見て、紙で出力して見て、再度モニターで見ます。見え方が新しくなります。

いちばん大切なのは、第三者の視点で見ることです。

ー3ー目的意識をもって見る

推敲の方法を一度にすべて適用して推敲しようとすると、うまくいきません。

一度の推敲で、やり方をひとつ決めてから見るようにします。

「まずは文章を短くする、二度目は文章を分ける、三度目は語彙《ごい》を変える」というふうに、見直すたびにひとつの目的だけをもって見るのです。

ー4ー初稿の70%を残す

文章は減らせば減らすほど、テーマがより鮮明になります。

私の事例をふたつ紹介します。

2017年の兵営文学賞に『刀と犬歯』という短編小説を出品したときのことです。最

初の原稿はＡ４用紙25枚でしたが、20枚まで減らしました。果《か》敢《かん》に5枚分を削除しました。

結果はどうだったでしょうか？ 初出品で入選しました。

２０２１年の公職文学賞に『ハトぽっぽの夢』を出品したときのことです。もともとこの作品はほかの公募選に出品して落選した作品で、原稿は20枚でした。公職文学賞の出品基準は15枚でした。このときも5枚を果敢に削除しました。結果は童話部門の金賞、国務総理賞を受賞しました。

肝に銘じてください。**初稿の70％だけ残して、文章を削りましょう。**

5 吐くまで見る

文章に際限はありません。これは最高の長所であり短所でもあります。経験するとわかるのですが、見れば見るほど直すところが出てくるのです。

どこまで推敲しますか？

吐くまで見ましょう。そうすればいい文章になります。

SOUBI>>PURO NO KOUDO SUKIRU

LEVEL 4

プロが身につけている高度スキル

SOUBI>>PURO NO KOUDO SUKIRU

01 すべての名作は、うまい文章から始まる

名作もひとつの文章から始まる

さきほどのパートですでにお話ししましたが、重要なことなのでもう一度説明します。

言葉の始まりは語彙です。語彙が合わさって文章になり、文章が合わさって段落となります。

段落を組み立てるのは、いくつもの文章を書いた後です。

そもそもの文章の構成がうまくなければ、段落を筋道立てて配列したとしても、伝達力がなく、読者が読まない文章になってしまいます。

文章は名作の始まりといえます。

つまり、文章さえうまく書ければ、つまらないストーリーにはならないのです。

身近な例では、携帯でメッセージを送るときがあげられます。

メッセージは平均3行以上送りません。段落を構成しなくても意味や内容を伝えることができます。

うまく書かれたメッセージを受け取ると気持ちがいいです。

なぜでしょうか?

理由は、脳が文章を解読するのにエネルギーを消耗しないからです。

たくさん読み、たくさん考え、たくさん直そう

ここまで、学びの段階を説明してきました。

学びが終わったので、ここからは「習」、慣れて自分のものにする段階です。

テコンドーの全国大会で3位になったことのある先生の話です。

先生は選手だった高校生時代、休日になると起床と同時に運動をしていました。行きに

前蹴りで2キロ、戻ってくるときも同様に前蹴りをしながら帰ったそうです。帰ってくる頃にはお昼の時間になっていました。

どれほど長い時間拳を握っていたのでしょうか。親指が拳を握った形から、それ以上中に曲がらないほどだったそうです。

テコンドーは蹴りが中心の競技です。基本となる蹴りをたゆまず磨き上げたからこそ、全国3位になれたのでしょう。

文章を練習することは、まさにテコンドーの選手が蹴りを錬磨《れんま》するのと同じです。人は作文を、まるで知識さえ身につければできることのように考えています。作文の本だけ読み、関連知識を積めば、作文の実力は上がると思っています。

練習もせずに、**すぐ書こうとします**。

しかし「習」が大事です。機能的に身につけなければ何の意味もありません。

そして実力を積むには、時間がかかります。

ほとんどの作文本は、この部分をとばしているのです。

では私たちはどうすればいいのでしょうか？

まず文章を書くとき、文章をうまく書く基本項目を理解し、かならず覚えましょう。頭

に叩きこまなければなりません。自然と出てくるようにしましょう。

基本も覚えずに文章を書くなんて言わないでください。

「覚えられない」のような惰弱な言葉は禁止です。

大きなタイトルだけ覚えればいいのです。息をするように、テコンドー選手の蹴りが自然と出てくるように、習慣化しましょう。

次に、多様な事例を読んで、経験しましょう。**悪い事例を見ると、この部分をこう変えればいい文章になるのになと感じるようになります**。この感覚がなければ推敲もできません。

もう一度言いますが、文章を見続け、頭の中で直さなければ、脳の構造は変わりません。

こうして身についた技術は、文章を書くときや推敲するときに役立ちます。

本を読み終えたら、このパートだけ、試験勉強のつもりで何度も読んでください。これから、例文で誤っている文章とその直し方が出てきます。

まず、正しい文章を何かで隠し、誤っている文章を見てどのように直すかを考えます。

それから隠していた部分を外して、正しい文章を確認しながら練習します。

練習が終わったら、その例文を複写したり、この本をそばに置いたりして、文章を書く前や推敲する前にぜひ読んでください。

数回くり返すだけでも、脳が自動的に記憶して、文章を書くときや推敲するときに自然と出てくるようになります。いつの間にか、バスや電車の案内文、観光地の案内板の文章を直している自分を発見するでしょう。

文章をうまく書くために、これだけは訓練しよう

✓ かならず短文で書く。簡潔に書く

何度でも言います。ひとつの文章に入れるのは一文だけです。短文を書くだけでミスを防げるのです。初稿から短文で書く練習をしましょう。**短文、短文、どうか、ぜひとも胸に刻んでください。**何度強調しても足りないくらいです。

✓ 「そして、だから、よって、しかし」など、不必要な接続詞は使わない

使わなくてすむのであれば、使わないでください。初めて文章を書く人は、流れが切れてしまうのではないかと、接続詞をたくさん使います。省いても読める場合が多いです。省いても読めるなら、果敢に削りましょう。不必要な接続詞は読者のリズムを途切れさせてしまいます。

☑ 受動態は使わない。できるだけ避けよう

もう一度言います、受動態は文章の力を奪います。読者の力まで奪ってしまいます。能動態で書き、力を与えましょう。

☑ 単語の重複を避けよう

同じ単語がくり返されると、文章の見た目やリズムがなめらかでなく、意味の伝達を妨害します。同じパターンに読者は辟易《へきえき》します。**違う単語や文章に変えましょう。**ウェブ小説では可読性をよくするため、登場人物の名前も重複しないようにつけます。

「とても、すごく、きれい、いちばん／もっとも」などの形容詞と副詞は使わない。

もしくは、具体的に書く

漠然とした普遍的な表現は、文章の信頼とおもしろさをなくします。読むのに問題がなければ、省くのがいいでしょう。

もしくは、具体的に表現します。現代的な文章には必要ないのです。でなければなぜ、『書くことについて』の著者スティーヴン・キングは「地獄への道は副詞で覆われている」と、18世紀フランスの代表的な啓蒙思想家で作家のヴォルテールは「形容詞は名詞の敵だ」と言ったのでしょうか。

主語と述語はできるだけ近づける

主語と述語で、人は文章や言葉を理解します。

すでに説明したように、主語と述語が遠くなると、誰が何の話をしたのか、こんがらがります。人は、誰が何をしたかに関心を持ちます。「なるほど！　それであなたはどうしたの？」という言葉をよく聞く理由です。脳もこれに合わせて進化してきました。

関連ある分野にはエネルギーを集中させて聞き、関連のない部分は聞き流してエネル

ギーを温存します。

もちろん、関連ある部分とは主語と述語です。

このことを知らずに、主語と述語を離してしまうと、読者は神経を張り巡らせて読み続けなければなりません。脳は膨大なエネルギーを消耗します。

このような理由から、主語と述語はかならずくっつけなければなりません。

「朝早く起きて、まじめに学校へ行く準備をしていた息子は、最後に靴を履いた」

この文章では、補足説明は覚えていなくても、息子が靴を履いたことだけは覚えています。**主語がうしろにあるので読みやすいのです。**

補足説明が長いなら主語はうしろへ、述語の前に持っていきましょう。

補足説明は覚えていなくても、誰が何をしようとしたか、主要な部分は正確に覚えています。読みやすくなります。

目的語がある文章構造は「主語＋目的語＋述語」ですが、目的語が長いときは主語を述語の前に移しましょう。

「目的語＋主語＋述語」の形で書き、読者の脳のエネルギーを温存させるのです。

むずかしい言葉や専門用語は噛みくだいて書くか、使用しない

専門用語を使用したからといって文章のレベルが上がるわけではありません。専門家のようにも見えません。**読者に配慮していない、悪文になるだけです。**

最悪なのは、辞典にも載っていない専門用語の略語を使っている人です。**読んでくれる人のいない文章を書いているという自覚が、彼らにあるのかはわかりません。**

スティーヴン・W・ホーキング博士は『ホーキング、宇宙を語る：ビッグバンからブラックホールまで』（林一訳、早川書房、1995年）という本で、むずかしい物理学を一般人の目線に合わせて説明しています。

『銃、病原菌、鉄』や『サピエンス全史』は、世界の歴史を洞察するむずかしい内容ですが、わかりやすく書かれていて、現代の古典となっています。

本当の専門家とは、たった数語でわからない人を理解させる人です。むずかしい単語を並べ立てる人は、専門家のように見せたい人です。

文章をうまく書くための基本

- かならず短文で書く。簡潔に書く
- 「そして、だから、よって、しかし」などの不必要な接続詞は使わない
- 受動態は使わない。できるだけ避ける
- 単語の重複を避ける
- 「とても、すごく、きれい、いちばん／もっとも」などの形容詞と副詞は使わない。もしくは、具体的に書く
- 主語と述語はできるだけ近づける
- むずかしい言葉や専門用語は噛みくだいて書くか、使わない

02 文章が上手になるワザを身につける

初心者を脱する文章技術を身につけよう

✓ かならず短文で書く。簡潔に書く

煙が月天橋一帯の貯水池を徐々に覆い、もう貯水が不可能なため、貯水池を柯谷川橋一帯に移した。

↓煙が月天橋一帯の貯水池を徐々に覆った。もう貯水は不可能だった。貯水池を柯谷川橋一帯へ移した。

誰もが緊張して全国の山火事の状況を常に気にかけた。

↓誰もが緊張した。全国の山火事の状況を常に気にかけた。

✓「そして、だから、よって、しかし」などの不必要な接続詞は使わない

朝寝坊した。**だから**職場に遅刻した。**しかし**社長はいなかった。

↓朝寝坊した。職場に遅刻した。幸い、社長はいなかった。

ソウルは韓国の首都だ。**そして**ワシントンD.C.はアメリカの首都だ。

↓ソウルは韓国の首都だ。ワシントンD.C.はアメリカの首都だ。

✓受動態は使わない。できるだけ避ける

彼は王と呼ばれた。

↓人々は彼を王と呼んだ。

船長の指示によって網は投げられた。

↓船長の指示で網を投げた。

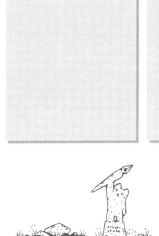

単語の重複を避ける

職場に通うことが**できて**、仕事が**できて**、同僚たちと話せるだけでも幸せな人生だ。

↓職場で働き、同僚たちと話せるだけでも幸せな人生だ。

私だけがこういうふうに悩んでいる**こと**ではない**こと**を知った**こと**がとてもうれしい。

↓私だけがこういうふうに悩んでいるわけではない事実を知って、とてもうれしい。

「とても、すごく、きれい、いちばん／もっとも」などの形容詞と副詞は使わない。あるいは具体的に書く

彼は**もっとも**優秀な軍人だ。

↓彼は**射撃が一位**の軍人だ。

星の王子にとって、薔薇はいちばん**きれい**な花だった。

↓星の王子にとって、薔薇は愛という感情を持たせてくれた花だった。

主語と述語はできるだけ近づける

学生たちは変化した大学入学試験と多様な入試制度の中で正確な情報を得る方法が制

限され、困難を極めている。

↓変化した大学入学試験と多様な入試制度の中で正確な情報を得る方法が制限され、**学生たちは困難を極めている**。

✓むずかしい言葉を使わない。専門用語は噛みくだいて書くか、使わない

山火事を鎮火するとき、航空機の**トラフィック・パターン**が重ならないようにしなければならない。

↓山火事を鎮火するとき、航空機の**飛行経路**が重ならないようにしなければならない。

これらを折に触れて読んで、見慣れるようにしてください。試験の準備をする受験生のように覚えましょう。

「覚えるのは、これだけでいいんですか？」と質問が来そうです。答えは「いいえ」です。それでもひとつだけ約束できます。

この通り書けば、専門家とまではいかなくても、上級者にはなれます。

上級者を超えて専門家となるための道すじは、次に説明します。

専門家になるための文章の技術はこれ

専門家になる説明の前にもう一度言います。

文章を書くことは、学習の領域というよりも、実際に書いて身につけるという努力の領域です。

一度読んで理解したからといって自分のものにはなりません。覚えるのもむずかしいです。

何度も目にして、身につける必要があります。下手な文章を見ると、脳がさまざまな方法で思考します。脳の可塑性によって、多様な思考をする脳に変化するのです。

文章を書く前、推敲する前に読んでください。

ここでの多様な例文は、キム・ジョンソン記者の『私の文章がそんなにおかしいですか?』(未邦訳)の分類法を参考にしました。修正した文章の理由と説明はできるだけ省略、簡潔にしました。

「こと／もの」を省く

幸福という**もの**を追求する**こと**は

↓幸福を追求することは

繁栄しなかった文化が存在していたという**こと**についての証拠

↓繁栄しなかった文化が存在していたという証拠

「〜ている」を省く

自転車に乗って**いる**子ども前のそばで、その姿を見て**いる**両親

↓自転車に乗る子どものそばで、その姿を見る両親

闇に包まれて**いる**町

↓闇に包まれた町

「ある／いる／あった」を省く

ソウルで**あった**事故のために出発が遅れた。

↓ソウルでの事故で、出発が遅れた。

☑「関係にある」を使わない

彼らは近い**関係にある**。

↓彼らは近い仲だ。

☑「に違いない」を使わない

証拠からして、同一犯の犯行であること**に間違いありません**。

↓証拠からして、同一犯の犯行なのは明らかです。

☑「～のうちのひとつ／～のひとり」を使わない

今回の会議は失敗だ。我々の問題を浮き彫りにするもの**の中でひとつ**も言及できなかった。

↓今回の会議は失敗だ。我々の問題を浮き彫りにする本質的な問題に何も言及できなかった。

☑「～によって／による」を使わない

地震**による**被害を復旧する。

↓地震の被害を復旧する。

✓「させる」を使わない

この電線は、奥の部屋と向かいの部屋のインターネットを連結**させて**くれます。

↓この電線は、奥の部屋と向かいの部屋のインターネットを連結します。

✓生活の中の誤った尊敬語を使わない

コーヒーになります。

コーヒーです。

✓「可能や可能性を意味する語」を使わない

飲む**ことができる**水がなくて困った。

飲める水がなくて困った。

最後にもう一度言います。悪い文章も、短く簡潔に書けば修正できます。

正しい文章は短いのです。短く書けば問題が起きることもなく、すべて解決します。

専門家のもっと上の技術はこれ

死んだ比喩《ひゆ》は文章をつまらなくする

比喩とは、ある現象や事物を直接説明せず、他の近い現象や事物にたとえて説明することをいいます。直接的に言うよりも新鮮さやおもしろみを感じ、意味をより鮮明に伝える効果があります。

しかし、誰もが知っている比喩を使うとどうなるでしょうか？

リズムに乗って読み進めていた勢いがぷつっと切れて、読むのが嫌になります。**「独りよがりな語り口だな」と文章能力が低く見えてしまいます**。

これが、比喩をミスした罪です。このように誰もが知っている比喩を「死んだ比喩」と言います。

死んだ比喩は使えません。

比喩は、まったく使わないか、あるいは新たなものをつくり続けなければなりません。

村上春樹は新しい比喩で読者を驚かせます。『みみずくは黄昏に飛びたつ』（川上未映子と共著、新潮社、２０１７年）では、深みのある文章を書くことを料理にたとえています。

「牡蠣フライを油にくぐらせるみたいに」

このようなジュワジュワと弾ける発想の比喩が、人気の秘訣でもあります。読むほどに彼の比喩には驚かされます。

比喩は、現代の文章の傾向に合わせて、まったく使わないか、使うならば目新しく一捻《ひとひね》りしたものを使いましょう。

目新しい比喩はあなたの文章をおもしろくしますが、死んだ比喩は文章を一切読ませなくします。

死んだ比喩の例

～で話題だ。／見掛け倒しだ。／静かな感動を呼ぶ。／感慨深い。／上気した表情だ。／冷や汗を流す。／人目を引く。目を奪う。

✓ 接続詞はひねって使う

接続詞は使わないように、とお話ししました。それでも、文章を書いていると使わなければいけないときがあります。**重複を防止するため、接続詞のような役割をするセンテンスを使用しましょう。**

一般的な接続詞の例

そして／だから／しかし／反面／ところが／なぜなら／そのうえ／その代わり／そうでなければ／なおさら／加えて／あわせて／時には／類似して／ふたたび／同じく／一方／例を挙げると

接続詞のように使えるセンテンス

他の一方では／具体的に説明すると／それでも／それとは反対に／これによると／それだけでなく

重要なのは文章をうまく書くための基本のように、接続詞を使わないことです。接続詞を使わない予防策には、項目別に「1、2、3」と羅列する方法もあります。

もう一度言います。接続詞は使わないのが得策です。

文章の語尾を変えて、力を与える

文章の最後の部分、語尾「だ／である」「だった」「あった」「でした／ました」「した／言った」をあれこれ変えてみましょう。文章の力が全体的に変化します。

私は基本的に読者を目上の人だと考えて、ゆっくり説明する「です／ます」を使います。本書もそうです。**じっくりと落ち着いた、物静かな雰囲気になります**。

しかし、速く突き進む力のある文章では「だ」で、ぱっぱっと切っていきます。

文章を学んでいる人は、まずは「です／ます」で書くのがいいでしょう。

さらに成長して、文章の性格が速い呼吸を欲したときに「だ／である」で、テンポよく切っていきましょう。エッセイで事件の流れが速いときや、自分の主張が強く込められているときに効果的です。

断定する言葉に信憑性のある事例を加えて信頼感を与えれば、読者はすぐ没入して、ついて来ます。記者が記事を書くときに使う方法です。

私は「した／言った」「でした／ました」をあまり使わないようにしています。
基本的に受動態の表現になってしまうのに加えて、引用や事例の力をも奪うからです。

> ナムグン・ヨンフンの文章本の発表がありました。
> ナムグン・ヨンフンが文章本を発表していました。
> ナムグン・ヨンフンが文章本を発表しました。
> ナムグン・ヨンフンが文章本を発表します。
> ナムグン・ヨンフンが文章本を発表する。
> ナムグン・ヨンフンが文章本を発表した。

どの文章が好きですか?
「します、する、した」どの語尾により力があると感じましたか?
微妙な違いがわかり始めたら、あれこれ使ってみましょう。
全体的な文章の流れとリズムを調節できます。

動詞形の文章を書いて、読者に力を与えよう

文章は4つの形態に分けられます。

①名詞形：概念中心の観念的な文章
②容詞形：修飾が多く感性的な文章
③副詞形：感覚を強要する文章
④動詞形：躍動感のある生き生きとした文章

読むだけで頭が痛くなりますよね。これらについて悩む必要はなく、知らなくてもまったく問題ありません。説明のために書いただけです。実ははっきりと区別はできず、すべてが混ざっていて、比重で分けているだけです。

この中で知っておくべきなのは、名詞形と動詞形です。

名詞形の表現は、「名詞」という言葉通り、ただ停止している文章です。死んでいるのです。

動詞形の表現は「動詞」という言葉通り、生きています。躍動的なのです。

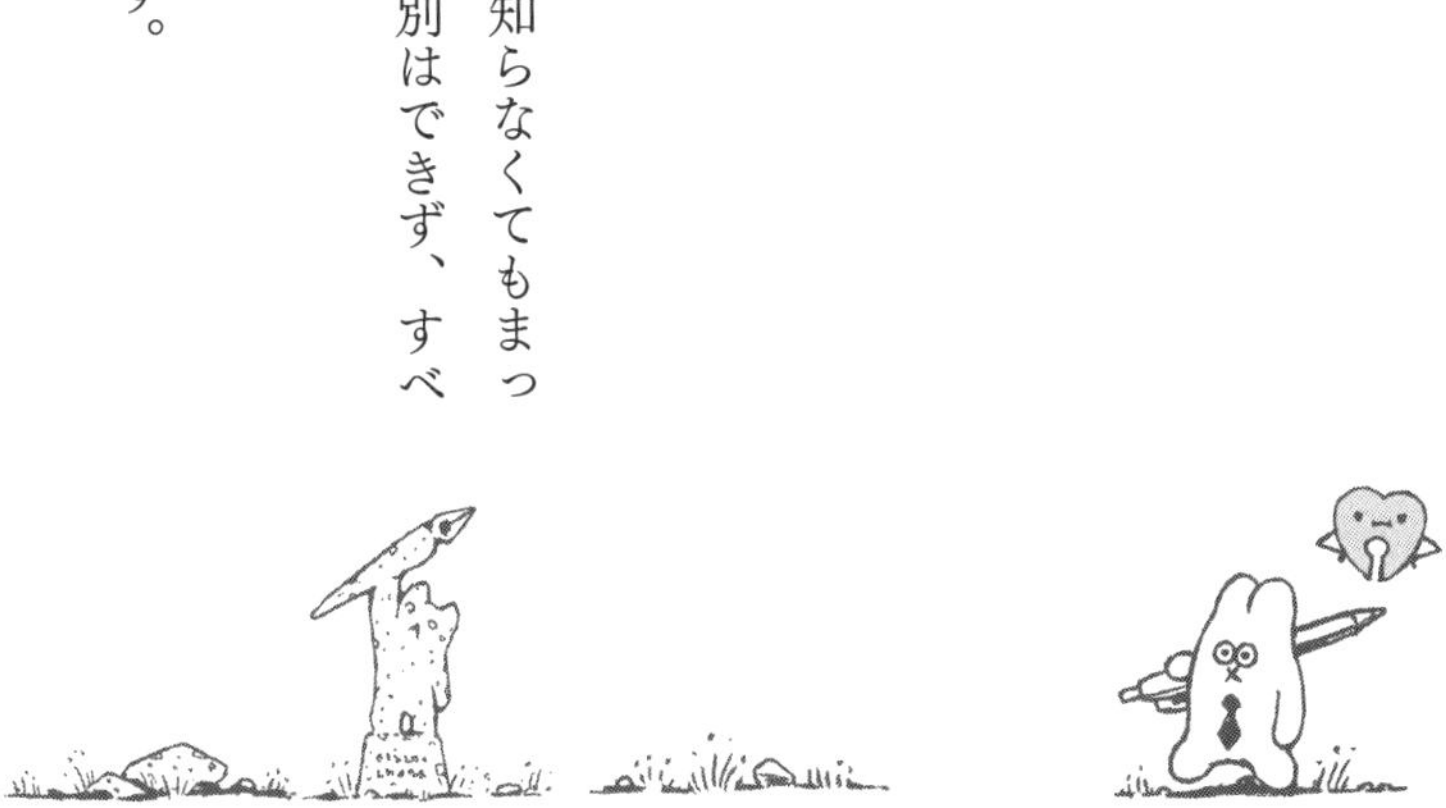

名詞形と動詞形を比較してみましょう。

8時までに集合しなさい。（名詞形）
↓8時までに集まりなさい。（動詞形）
彼女は涙した。（名詞形）
↓彼女は泣きだした。（動詞形）
4つ説明できます。（名詞形）
↓4つ説明しましょう。（動詞形）

どの文章が生き生きとしているでしょうか？
コツは、文章の最後を変えて、動きをつけることです。ひとつの文の動きはストーリー全体に広がっていき、躍動感をつくり出します。
名詞形の文章は、主張を言い切るときに必要です。

ナムグン・ヨンフンは文章をうまく書く。（動詞形）

↓ナムグン・ヨンフンは文章の達人だ。（名詞形）

きちっと、脳が考える必要もなく刻まれます。
名詞形の文章と動詞形の文章を利用して、主張と文章の躍動感を組み込んでください。

以上が専門家の文章の技術です。
初めて文章を書く人は、ここまで考えなくても大丈夫です。
上級者用の文章技術だけでも熟知して推敲すると、徐々に文章に味わいが出てきます。
そのとき、このパートを読んで、もう一度推敲しましょう。一歩一歩です。
すばやく実力が上がる方法は、絶対にありません。
成長が遅いからダメだと自責することもありません。
この部分を読んだだけでも、あなたは今日0・1％成長しました。

03 リアルな描写力はくり返しの練習で身につける

描写力がつく5つの方法

描写も文章の技術と同様、練習しなければなりません。この項目では、『描写の力』（未邦訳）でサンドラ・ゲルトが語った8つの描写法を参考に、例文をつくりました。説明は簡単にしました。変化した文章を読んで研究していただければと思います。

1 五感を活用する

叙述：母を抱きしめると気分がいい。

描写例：母を抱きしめた。規則正しく動く心臓の音が**聞こえた**。いつもの化粧品の**においがした**。温かい**ぬくもり**が伝わってきた。頬がほてって、ふっと眠気が押し寄せてきた。

叙述：散歩をした。気分爽快だった。

描写例：散歩道に沿って歩いた。鳥の声と風の**音**が私を歓迎してくれた。風にのってくるやわらかい**香り**に飛び跳ねた心臓が、ゆっくり走りだした。日差しの**ぬくもり**が、**手の甲**から伝わってきた。全身が熱くなった。

—2— 力強く躍動的な動詞を使う

大雑把な表現よりも具体的な表現です。「〜し始めた」という文章は力を削ぎます。動詞で短く書きましょう。

叙述：彼は自分の庭を**歩いた**。

描写例：彼は自分の庭を**ぶらぶら歩いた**。

叙述：太った男は、ぴったりの上着を**着ていた**。

描写例：太った男の体に合わせて上着がぱつぱつに**伸びていた**。

叙述：橋の連結ボルトが**外れ始めた**。

描写例：橋の連結ボルトが**外れた**。

ー3ー具体的な名詞を使う

読者が思い浮かべやすいように、具体的な名詞を使いましょう。

叙述：ヨンヒは**朝食**を食べた。

描写例：ヨンヒは、**みそ汁と湯気がゆらゆらする炊きたてのご飯**を、朝食べた。

叙述：**犬**がヨンヒに向かって走った。

描写例：**黒い柴犬トリは、耳をぺたりとたおして**尻尾を振りながらヨンヒに駆け寄った。

ー4ー人物の行動を細かく分ける

ひとつの行動を細かく分けます。

これは、ストーリーで重要な自分の状態や感情表現、話の中心となる強調する部分に使用します。

そうでない部分は単純に叙述しましょう。あまり多く使うと、分量が増えて散漫になります。

叙述：私は力なくソファに座り、テレビを見た。

描写例：ぱたりとソファへ倒れ込んだ。テレビをやっとのことでつけた。考える力すら残っていなかった。テレビ番組にはお笑い芸人が出ていた。彼らだけで騒いでいたけれど笑えなかった。今日は本当にしんどかった。

―5― 比喩を使う

叙述：子どもは**にこっと**笑った。

描写例：子どもは**朝日のように**笑った。

―6― セリフを使う

叙述：彼は飛行機の機首を上げろと叫んだ。

描写例：「機首を上げろ！」機長は副操縦士に叫んだ。

叙述：母は子どもに気をつけるように言った。

描写例：「踏切を渡るときはかならず信号を見て、青になったら渡りなさい」母は子どもに根気よく説明した。

―7― 内的な独白を使う

叙述：面接が終わった。私は安堵した。

描写例：面接会場を出た。「はあ、緊張しないで話せてよかった」私はゆっくりと廊下を歩いた。

叙述：課長はダメだという主張だけをしていた。

描写例：「神様、どうか課長をとめてください」課長を見て何度も祈った。

―8― 人物の行動と反応に焦点を合わせる

「私は誠実です。献身的です」と言葉で説明せず、なぜ誠実なのか、なぜ献身的なのか、具体的な事例と行動で見せましょう。自己紹介書でよくある失敗です。

感情もまた、言葉ではなく行動で見せましょう。

叙述：私は誠実です。

描写例：朝6時に起き、新聞配達をして、8時に登校するのを3年もの間続けました。

叙述：彼は怒っている。

描写例：彼は神経質に伝票ホルダーを机に投げつけた。

彼は練炭の灰を足蹴にした。

04 文章の構造は丸暗記しておく

文章の構造をあらかじめ決めれば、内容に集中できる

文章を書く前に、話の構成、配列、流れ、主張の論理をどのように構成するか、悩むものです。この悩みを「話の骨組みをつくる」、「筋道を立てる」と表現します。

主に使用する話の構造がわかっていれば、このような悩みはなくなります。

では、主に使用する構造とはどのようなものでしょうか？

基本の構造は3種類あります。

列挙型、結論先行型、共感型です。

多くの人は学校で、結論から書く頭括式、理由から書く尾括式、序論・本論・結論があるということを教わりますが、それを知っているだけでは書き方を知っていることにはなりません。

基本構造で文章を書くのにはどのようなメリットがあるのでしょうか？

６つのメリットがあります。

①話の方向性を見失わない
②文章を書くスピードが上がる
③文章の質が上がる
④話の分量を配分できる
⑤話が抜け落ちない
⑥重複を防ぐ

基本の構造を使えば、ナビゲーションのように話の方向性を明確に教えてくれ、主張や流れがブレません。

内容だけに集中できるので、書くスピードが上がり、文章の質もよくなります。準備し

ておいた例示や事例、主張の論理などが抜け落ちることもありません。

論証の事例の比重も正確に配分でき、メリットだらけです。

構造の説明は、山口拓朗の『世界一ラクにスラスラ書ける文章講座』（かんき出版、2019年）を参考にしました。

序論、本論、結論の方式は、軽い文学的な話に使う

序論：実状、現況、概要の実態を分析する
本論：理由、事例、原因、問題点、根拠を提示する
結論：展望と予測

序論、本論、結論の方式にするときは、文章の量の配分は、序論10％、本論70％、結論20％にする、というのが私たちが学んだ方法です。

言うのは簡単です。この方式の問題点は、「本論をどのように構成するのか？」にあり

ます。ユ・シミンは『ユ・シミンの作文特講』で、論証の美しさを具現化するとき必要な3つの規則について語っています。

①自分に酔った告白と主張は区別する
②主張はかならず論証する
③最初から最後までテーマに集中する

本論には、②のように、序論の主張を論証する例示や事例がかならず入らなければなりません。それもテーマから逸脱しないように。

問題は、文章の入れ方を知らないことにあります。このように配列しなさい、という明確な方式はありません。**文章をたくさん書いた人だけが知っているのです**。

この問題点を解決するために、思考の流れ、時間の流れにしたがって書くエッセイ（読書感想文、手紙、鑑賞文、紀行文など）のような軽い話に使用してみました。例示します。

エッセイの例、テーマ「伴侶犬との幸せ」

序論：伴侶犬と散歩する姿と家にいる伴侶犬トリがいる話で始める
本論：トリを迎えてから成犬になるまでの楽しく育てがいのある事例を語る
結論：トリはいまや家族であり、幸せを与えてくれているという話で締める

例のように、時間順、情報伝達の重要度順に書くのには大きな問題はありません。文学的な文章を書くのに適切です。

しかし、初めて文章を習った人がいきなり主張文を書くのはむずかしいでしょう。

私たちが書く機能的文章はほとんどが主張文

序論、本論、結論を説明するとき、主張文という言葉がよく登場します。

文章には、さまざまなものがあります。

たとえば内面を表現する文章（エッセイ）、ある物や状況を説明する文章（説明文、紀行文）、過ごしてきた過程を説明する文章（日記）、物語を書いた文章（小説、童話）です。

これらは文学的な文章の例です。

一方、自分の考え、意見を表現するには主張文が多いです。

演説文、報告書、企画書、論述、自己紹介書、生活の中での意見調整や説得も主張文です。

息子に元気で過ごすようにと書く手紙でも、理由をつければ主張文になります。主張の程度が異なるだけです。今私が書いているのもまた主張文です。

主張文には3つの特徴があります。

①自分の選択ではなく必須なときがある
②文章一つひとつが重要である
③書かなければいけないシーンが多い

企画書は取引先を説得するもので、会社の存亡を決定します。
論述は大学の合否を決定します。
自己紹介書はこれからの人生を左右します。
職場では昇進がかかっています。

これらの例のように、主張文は、私たちが文章を学ぶ、主たる理由であり目的です。したがって、よく使用する「列挙型と結論先行型」も主張文の形式に沿って書きます。

情報伝達には「列挙型」

列挙型は、テーマをどのようにひも解いていくかを最初に話し、いくつかの事例と例示を挿入して、最後に整理と主張をします。**主に情報を伝達するときに使います**。スティーブ・ジョブズが、2005年にスタンフォード大学の卒業式の祝辞で使いました。

ジョブズは演説の最初に軽く挨拶し、こう言いました。

「今日私はみなさんに人生の3つの話をしようと思います。それがすべてです。たった3つです」

それから、1経験、2仕事と愛、3死の順に話しました。最後は「いつでも渇望し、愚直に前進しよう」と締めくくります。**「いくつ」という明確な目的地に、読者の集中度が高まります**。また、エピソードが順番ごとに完結するので、書きやすいです。

情報伝達 列挙型 構造の書き方

A どんな話をするのか書く。例示と事例の個数を書く。

B 例示と事例①

C 例示と事例②

D 例示と事例③

E 整理

これを「童話 白雪姫の問題点」という
テーマで使ってみると下のようになります。

情報伝達 列挙型 構造を使った 童話 白雪姫の問題点

A 子どもに白雪姫を読み聞かせしないようにするべきだ。
理由は3つある。

B ①外見至上主義。
美しい女性だけが助けを得るものなのか？

C ②女性の独立性。
7人のこびとの保護と王子の助けは絶対なのか？
みずから困難を乗り越えられないだろうか？

D ③継母への誤った認識。現代は多様な家族が存在する。
新たな家族の形態に先入観を抱かせかねない。

E 子どもの正しい成長のために、
白雪姫を読み聞かせるべきではない。

列挙型で伝達効果を高めるポイントは、重要度が高い内容を前に置くことです。**読者はいちばん最初がもっとも重要だと考えます。**また、読み進めるうちに集中力も落ちていきます。

重要な例示は前に置きましょう。

主張文には「結論先行型」

これは、主張文でもっとも多く使われる構造です。

名前の通り、主張と結論を文章の冒頭に置きます。それから理由や根拠、具体的例示や事例を書き、ふたたび結論を語ります。

始めの部分の主張と結論は、内容に興味をもたせます。**読者の集中度を高めながら、集中して読まなければならないというプレッシャーを軽くします。**

最後にもう一度語る主張と結論は、読者にこの文章の目的が何なのかを記憶し、忘れてしまった最初の部分の記憶を想起させます。結果、読者は読みやすい文章だったと感じるのです。**最初と最後だけ記憶する、人間の心理を利用した書き方です。**

主張文 結論先行型 構造の書き方

A 結論、主張する。【Opinion,Point】

B 理由や根拠を書く。【Reason】

C 具体的な例示や事例を書く。【Example】

D ふたたび結論、主張を書く。【Opinion,Point】

※英語の頭文字をとって、OREO、PREP技法ともいう。

これを「童話 白雪姫の問題点」という
テーマで使ってみると下のようになります。

情報伝達 結論先行型 構造を使った 童話 白雪姫の問題点

A 子どもに白雪姫を読み聞かせないつもりだ。

B 白雪姫の話に女性の外見至上主義や独立性に
害を及ぼす内容があり、
シングルマザーへの偏見を与えかねない。

C 物語が白雪姫に対する継母の嫉妬から始まる。
継母に対する誤った認識を与え、
女性を俗物的に描いている。
森に入ったときはこびとの保護を受け、
王子に助けてもらう。

D 外見への偏見、女性の独立性、新しい家族の理解のため
白雪姫は子どもに読み聞かせない。

結論先行型で伝達効果を高めるポイントは、ふたつあります。

ひとつ目は、冒頭の主張や結果は短く、簡潔に、おもしろく書かなければなりません。長たらしいはじまりの続きを、読者は読もうとするでしょうか？

ふたつめは、理由や根拠に公式の数値、資料を使用することです。読者の信頼をより得られるでしょう。

共感を引き出す「共感型」も使える

エピソードを通して読者の共感を引き出す構造です。

冒頭では、話者や主人公のよくない状態を表現します。次に、主人公が変わる決定的なきっかけを説明します。その後、どのように変化して成長したのかを説明し、最後は明るい未来やハッピーエンドを見せます。脳は物語式の記憶を好むため、共感型を使うと、伝えたい内容を、読者の記憶に長期間鮮明に残すことができます。

共感を引き出す 共感型 構造の書き方

A よくない要因、マイナス要因を書く。

B 変化の決定的なきっかけを書く。

C 変化の内容と成長の内容を書く。

D 幸福な現在、または明るい未来について書く。

これを「童話 白雪姫の問題点」という
テーマで使ってみると下のようになります。

共感を引き出す 共感型 構造を使った 童話 白雪姫の問題点

A 私はひとりの娘の母親として、自信がなく、
他人の視線を気にしながら生きている。
そのうえ、うつ病まで患っている。

B 偶然、「童話　白雪姫の問題点」についての本を読んだ。
私は私自身がつくり上げた女性像の中に
自分を閉じ込めて生きていることに気づいた。

C 他人の視線を意識しなくなった。
産後、体型が崩れたが、水泳に通って、
着たかったワンピースも着られるようになった。
子どもの手を握って幼稚園にも登園している。
私自身がつくった監獄から出て、明るくなり、
子どもとも仲良くなった。

D うつ病もよくなり、体型も戻って健康になった。
これから子どもとより一層幸せに暮らしていくだろう。

共感型は、読書感想文を書くのに卓越しています。さきほどの表の「B．決定的なきっかけ」を本との出合いに変えれば、自然な流れになります。

いかがでしょうか？　順序通りに内容を埋めていけば、読書感想文がひとつ、すぐに完成します。

最高の文章のためのRoad Map

1 文章を書く目的は何か？

- 到達する明確な目的地を作る。
- 目的が不明確だと不明確な文章に、目的が明確だと明確な文章になる。
- 説得なのか、情報伝達なのか、動機誘発なのか、明確にする。

2 読者は誰なのか？

- 年齢、性別、既婚者と未婚者、職場の上司なのか顧客なのか、正確に特定する。
- 基本的に中学2年生のレベルに合わせる。
- 読者が望むことは何か？　読者のニーズに合わせる。
- 読者にどんな反応をしてほしいのか？
  感動、よろこびなどを設定して書く。
- 読者の知識水準はどうか？　目線を合わせる。

3 どの語調を使うか？

- 「友好的であらたまった」語調がよい。

4 話の素材を探す

- 思いついた言葉や文章をメモする。
- Think Bankを作成して、積極的に探す。

5 素材を一行にまとめる

- 対話、自問自答をして、考えを整理する。
- 一行にまとめられないものは書かない。

6 話を組み立てる

- 序論、本論、結論、列挙型、結論先行型、共感型を使って、構造を決める。

7 話の構造に合わせて、一行にまとめた素材を当てはめていく

8 書く、推敲、音読を反復して、完成する

SOUBI>>TAKUSAN YOMU

LEVEL 5

SOUBI>>TAKUSAN YOMU

実力をつけるためには、たくさん読む

01 切実さがあれば、いい文章は書ける

世間に存在を知らせようとしていた彼女

19世紀後半の人物でレズリー・スティーヴンという男性がいます。

彼は文学に関心があり、文学家を夢見ていました。

熱烈に勉強した結果、ケンブリッジトリニティーホールの名誉特別研究員になり、名誉文学博士の学位まで手に入れました。

１８８０年、当代最高の作家だったヘンリー・ジェームズ、ジョージ・エリオットともつきあいがありました。**このような文学的関心に反して、皮肉にも彼が残した有名な文学**

作品はありません。

彼には娘がいます。

娘は父とは違いました。文学作品は理論ではなく、実際に使わなければならず、多様な経験をするべきだと悟ります。

彼女の夢は小説家でしたが、エッセイなど、さまざまな文章を書きました。いくつもの活動を通して感じたことを、文章に反映しました。

投稿できるところがあれば積極的に投稿し、フィードバックをもらいました。兄とも作品に関する討論をしました。

このような努力で、娘のアデリーンは有名な文学家になります。

彼女は誰でしょうか？

20世紀を代表するモダニズム作家、ヴァージニア・ウルフです[*4]。

なぜ急にヴァージニア・ウルフの話をしたかというと、あなたにどうしてもお伝えしたい3つの話にぴったりの人物だったからです。

3つの話は次の通りです。

*4 STADION YouTubeチャンネル 왜 공부해도 남는게 없는가 [동기부여 영상]（youtube.com）より

- 1―切実さがあれば文章を書ける
- 2―はっきりした具体的な目的がなければならない
- 3―フィードバックが文章を成長させる

切実さと切迫感で書いた文章で、世間に存在を知らしめる

1―切実さがあれば文章を書ける

ずっとお話ししていることですが、脳は、人が文章を書くのを嫌い、怠けるように仕向けます。

これは何万年もの間、生存の法則で続いてきた進化の結果です。

ヴァージニア・ウルフの父、レズリー・スティーヴンは貴族でした。上流階級ではありませんでしたが、何不自由のない暮らしでした。

はたして彼は、大変な思いをして文章を書こうとしたでしょうか？

彼は相対的にラクな読むことばかりをしました。そしてそれらを評価したのです。

娘のヴァージニア・ウルフは違いました。

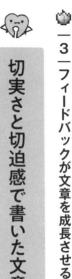

当時は女性差別がひどく、男性だけが大学に進学でき、男性だけが通れる道があり、男性同伴でなければ図書館に入館できませんでした。

彼女は『自分ひとりの部屋』（片山亜紀訳、平凡社、２０１５年）で、このような差別と抑圧を文学的に書きました。

彼女にとって小説とは何だったのでしょうか？

自身が生きているという証明でした。

私はここにいるという、ひとりの女性のアクションでした。

生きていることを知らせるために彼女は書きました。

母親の死と同時に患った精神疾患に抗いながら、差別社会に自分が生きていることを知らしめる切実さと切迫感から文章を書いたのです。

切迫感から文章を書いた事例は多いです。

ロシアの文豪ドストエフスキーは、印税を受け取ると、あえて賭博や酒で使い果たしました。切迫していないと文章を書けなかったからです。

『大尉の娘』（坂庭淳史訳、光文社、２０１９年）で有名なロシアの詩人アレクサンドル・プーシキンは、放蕩する妻の尻ぬぐいのために稼がなければなりませんでした。

J・K・ローリングは離婚と失業により子どもの粉ミルク代を稼がなければならず、『ハリー・ポッター』（シリーズ全7巻、松岡佑子訳、静山社）を書きました。

もしも余裕があったら、書くことはなかったでしょう。

あなたはどうでしょうか？

ブログに書評をひとつアップしなければならないのに、公募選に出品するエッセイを書かなければならないのに、**仕事や家事に疲れてあなたの体は動きません。**

何とかして書こうと思うと、友人に呼ばれます。子どもが遊んでとせがみます。

出版されている多くの本は、文章を書くルーティンをつくりなさいといいます。そうです。

脳に習慣づければ、少ないエネルギーで書けます。しかしこれは生計に余裕があったり、職場で頭を使う仕事がなかったり、労働強度も低くて文章を書くことに集中できる場合です。

環境はあなたが書くことに専念できないように妨害します。

その上、脳の誘惑にも打ち勝って書かなければなりません。

切実な気持ちが文章を書かせます。切実に願い、切実に考え、切実に動きましょう。

「明確で重要な目標」を設定しよう

―2― はっきりした具体的な目的がなければならない

自己啓発の古典にナポレオン・ヒルの『成功哲学』（『新装版 成功哲学』田中孝顕訳、きこ書房、2020年）があります。

成功の法則の第1原則は「明確で重要な目標をもつこと」です。

明確な目標設定からが始まりです。

あなたが文章を書く理由は何ですか？

ヴァージニア・ウルフにははっきりとした目的がありました。父親に認められ、女性について語る小説を書くという目的です。

あなたが文章を書く目的は何でしょうか？

お金を稼ぐため、新しい人生のため、本を出すため、感情を吐き出すため、コミュニケーションのため、ただ他の人がやっているからでしょうか？

どんな目的でしょう？

はっきりした目的がなければ、挫折してしまうのが書くことです。

文章に完成はありません。はっきりと鮮明な目的を設定しましょう。

お金という世俗的な理由でも構いません。

目標を設定して周囲の誘惑に惑わされないようにしましょう。

自分の文章を読んでくれる人がいるのは、幸せな人

ー3ー フィードバックが文章を成長させる

「ブログを数年つづけている」、「毎日原稿用紙5枚の分量を書いている」という人のブログを見てみました。

華やかでたくさんの内容を書いているのに、何かが足りないと感じました。

中心となる内容が伝わってこないし、あまり読まれてもいません。

何が問題だったのでしょうか？

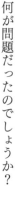

それは、ヴァージニア・ウルフの事例からわかるように、文章へのフィードバックがなかったからです。

文章は書けば向上します。書かない人よりはましです。

推敲すれば実力は向上します。

しかし、どの部分が足りていないのかが正確にわからないと停滞してしまいます。努力に比べて実力が向上しないのです。

ヴァージニア・ウルフは、家族全員が文化界のロイヤルファミリーでした。

女性なので大学には行けませんでしたが、家庭教師の教育を受け、みずから勉強し、兄が率いるブロンズベリー会に入って、男性と対等に討論までしました。

ともに討論したレナード・ウルフの求婚により結婚します。

その後、一緒に出版社を運営しました。

結婚前は兄からフィードバックを受け、結婚後は夫からフィードバックをもらったのです。文章の実力が伸びないはずがない環境でした。

フィードバックによって文章の実力が向上する3つの事例を、追加してお話ししましょう。

まずはスティーヴン・キングです。

彼がまだ無名だった頃、出版社から投稿原稿が戻されてきました。

出版社によっては、かろうじて直すべき部分をメモに書いて送ってくれる場合がありました。

その中でいちばん役立ったのが「二次原稿は初稿の10％」というメモでした。『書くことについて』で、**二次原稿は初稿の10％を減らすべきだと強調しつつ、この事例を説明しています**。

ふたつ目の例は私です。

長編小説を書いたとき、ちゃんと書けているのか疑問でした。黙々と書き上げました。

出版社に原稿を送り、電話をかけました。電話に出た出版社の職員に「どう書いたらいいのかわかりませんでした。読んでどこがいけないのか教えていただけませんか」と。

1週間後、答えが返ってきました。

4つ程度の内容でした。以後、文章を書くたびにこの手紙を広げました。そして今、このように文章を書いています。文学手帳の編集部の方、ありがとうございました。

最後は、YouTube【ウンジェTV】のキム・ウンジェさんです。

私も文章を書く人間なので、よく視聴しました。

彼はたった2年間で実力を急成長させ、今では書き方の講義をするほどです。

どのように早く実力を伸ばしたのかが気になってYouTubeを見ました。彼の本業は教師でしたが、文章を書きたい気持ちが強く、休職届を出して文章の道に入りました。**文章を習うときと同じく、目的を持った人たちとともに授業を聞き、たがいにフィードバックをして話し合ったそうです。**

個人の努力と相互のフィードバックで、早く実力が伸びた事例です。

おもしろいのは、フィードバックを夫や妻、つまり伴侶がしてくれると成功する作家になるという点です。

ヴァージニア・ウルフはもちろん、スティーヴン・キング作品の最初の読者は彼の妻です。

ドストエフスキーの妻は、彼の速記係でした。

あなたはどうでしょうか？

妻や夫ではなくても、あなたの文章を読んで、アドバイスをくれたり、正確に読んで感

想を言ってくれる人はいますか？

まわりを見回して、懸命に探す必要はありません。

ただでさえ本を読まない人が多いのに、自分の文章を読んで評価してくれるなんて、私は期待もしません。

そうやって自分の文章を読んでもらって、評価を受け、アドバイスをもらうことは重要ですが、同じくらいむずかしいことです。文章を書く実力ある人のアドバイスを受けることなど、考えもしません。


それではあきらめますか？

ここで、ふたつの方法をおすすめします。

ひとつ目は、信頼できる集まりに加入する方法です。

文章を書くブームのせいか、書く人のチャットルームもたくさんあります。

しかし、これにもデメリットがあります。メンバーの実力が似たり寄ったりで、何がいけないのかがわからないのです。

下手をすると、実力のない文章講座の客引きに遭ったりもします。

ふたつ目は、公募選に挑戦して成長する方法です。

これは私が使ってきた方法です。このあと詳しく説明します。

02 文章が上手な人が準備していること

6つの準備で文章をラクに書こう

仕事や家庭で忙しい中でも、文章を書くためにどんな準備をするべきか、5つ説明しましょう。

- 1 メカニカルキーボードを使う
- 2 ゲーミングチェアを使う
- 3 早起きして、夜明けの時間を使う

一4一スマートフォンを見ない習慣をつける

一5一よく食べる

一1一パソコンには、外づけのメカニカルキーボードを使う

ノートパソコンは、移動用のコンピューターです。ここでひとつ目の問題が発生します。

ノートパソコンはコンパクトにするために、モニターがすぐ目の前にあり、キーボードが密集しています。キーボードに合わせて指を置いて叩いていると、体が縮こまります。

モニターを長時間見ていると、姿勢はどんどん前かがみになり、定まりません。すぐに疲れてしまいます。

ふたつ目の問題は、コンパクト化するために減らされたキーボードのクッション性です。恐ろしい警告をします。

指を関節炎にしたければ、そのままノートパソコンを使ってください。

ノートパソコンのキーボードはクッション性がないため、キーボードを叩く力が指の関節にダイレクトに伝わります。

いつのまにか指の関節がぱんぱんに腫れてしまいます。**ノートパソコンのキーボードは、**

たまに使うのにはいいですが、長時間使うものではありません。

中でも最悪なのは、持ち運びに便利だからと、モニターの小さいノートパソコンを購入することです。

すべての悪い点が集結しています。

長編小説を書こうと、10インチのノートパソコンで、前かがみの姿勢のまま、ひと月ほど習作しました。

ものすごく疲れました。そのうちに指の関節が痛くなりました。

年齢のせいだろうと思いましたが、推敲しながらキーボードを叩く回数が減ると、痛みも消えたのです。**キーボードが問題なのだと気づきました**。

デスクトップ型を使うのもいいですが、冷却ファンの騒音があるので、移動には向きません。

私のおすすめは、15インチのノートパソコンを買って、別でメカニカルキーボード〈キーが独立しているキーボード〉を購入する方法です。

モニターの大きさもちょうどよく、持ち運びも簡単です。価格も意外とお手頃です。パソコンを持ち歩くときは、併せて自分のメカニカルキーボードも持ち歩きます。

伴侶犬ではなく、作家の伴侶キーボードを決めて持ち歩き、作業するときに使ってください。

伴侶犬といると幸せであるように、伴侶キーボードを使うだけで気分がよくなります。

2 ゲーミングチェアを使う

チャットルームで、知り合いに文章の書き方を教えていたときです。その方が、文章を書くのがとてもしんどいと言うのです。

なぜだろう？　とテレビ通話でその方の部屋を見てみると、床に座って背もたれもない状態で書いていたのです。腰で上半身の重さすべてを支えなければならず、つらくて当然でした。

その方に座敷用のゲーミングチェアをすすめました。

翌週の授業時、とてもラクになってよかったと言ってくれました。椅子でなく床に座っていても、背もたれのある人体工学に基づいた椅子を使いましょう。

理由はふたつあります。

ひとつは、腰の保護です。キーボードを叩いていると、上体が前に傾き、姿勢が悪くな

ります。

長時間悪い姿勢を続けるので、ヘルニアを誘発します。

もうひとつは、文章を書くことがラクだと脳に記憶させるためです。

椅子に座ったとき、ラクで気持ちのいい感触があれば、また椅子で文章を書こうとするときに脳が拒絶しなくなります。

たくさんの椅子の中で、なぜゲーミングチェアをすすめるのでしょうか？

没頭して同じ姿勢で長時間するのは、ゲームも同じです。ゲーミングチェアはゲームを長時間する人のために設計されています。

つまり、キーボードとモニターを見る人に合わせて設計されているので、快適に長時間作業ができるのです。人体工学チェアを高額で買って後悔するより、ゲーミングチェアを選ぶほうがいいでしょう。

3 早起きして、夜明けの時間を使う

職場ではストレスを受け、家では子どもと格闘しているのに、文章を書く？

はたして書けるでしょうか？

脳はすぐには別のモードになりません。職場の仕事を忘れようとしても頭から離れません。

ほかの本ではルーティンをつくって書けと言うけれど、どうやってルーティンをつくれというのでしょう?

「朝作文」をすればいいのです。

1996年、肉体労働者からソウル大学に主席入学し、現在は弁護士として活動しているチャン・スンスの『勉強が一番、簡単でした　読んだら誰でも勉強したくなる奇跡の物語』(吉川南訳、ダイヤモンド社、2023年)に次のような内容が出てきます。

勉強するとき、夜遅くまで解けない数学の問題を考えながら眠ると解く方法と答えが浮かんできて、起きたら解けるという内容です。

「朝作文」はこの効果を利用します。

眠る前に、どのように書こうか、概要を組み立てて引用や参考にする内容を読みます。

それから早めに就寝します。夜10時前に眠り、明け方4時、5時まで6時間から7時間眠ります。

そして起床と同時に文章を書きます。これが**不思議とよく書けるのです。**

睡眠の効果で昨日のことは消え去り、頭の中が澄みきっています。文章を書かなかったとしても、体がラクになり意欲が湧いてきます。

私も目次の大筋をどのように構成するか悩みながら眠り、起きたら書けたという奇跡を何度も経験しました。**今は悩まずに資料にだけ目を通して、早く眠ります**。

4時に起きる、ミラクルモーニングと同じです。ただ、文章を書くという点だけが異なります。

もし4時に起きるのが負担であれば、5時に起きても6時に起きても構いません。2時間以上文章を書くと体力的にもむずかしく、頭が働かなくなります。

2時間が最大です。

2時間を基準に、出勤時間と調整して起きればいいのです。

私は朝型人間ではないという人もいるでしょう。

「朝作文」ができそうになければ「散歩作文」をしましょう。夕食のあと、どのように文章を書こうか、資料を見てから散歩をするのです。

まず散歩の効果を説明します。

散歩をすると、頭が冴えて、ある程度整理されます。このとき浮かんでくるインスピレーションをメモして帰宅し、夜遅くまで文章を書きます。

このふたつの方法が合わなければ、週末にまとめて書く「週末作文」をします。

個人的に最悪な方法は、「酒を飲んで寝て起きて書く作文」です。

これには3つのメリットとひとつのデメリットがあります。

①糖が充足するので、脳が拒絶しない

②眠ったので、頭は冴え、アイディアが浮かぶ場合が多い

③飲酒して寝たので、一生懸命やらなければという意欲にあふれる

デメリットは、成人病のリスクがあり、飲酒量が多量になるとまったく書けない状態になる場合があることです。

頭の中がこんがらがっていたり、疲れていても文章を書かなければならないときに使える方法です。

「朝作文」、「散歩作文」、「週末作文」、そして個人的には最悪ですがあなたには最高かもしれない「酒を飲んで寝て起きて書く作文」で人生を変えるきっかけをつかみましょう。

—4— スマートフォンを見ない習慣をつける

文章を書くときは、スマートフォンを無音にするか、遠くに追いやります。

カルフォルニア大学の研究に、スマートフォンと没入に関するものがあります。没入から醒《さ》める外部妨害が30秒だけであっても、**ふたたび勉強や仕事に没入するには20分ほどかかるという内容でした**。

たとえスマートフォンを見なくても、「プルル」というアラーム音自体が没入を醒ましてしまうと理解しましょう。

スマートフォンを開くと、脳の疲労度も高まります。

脳の島皮質というところは空想と集中状態を伝達するスウィッチングの役割をしています。文章を書いている途中でスマートフォンを開く行為は、この島皮質のスウィッチングを点けたり消したりする行動なのです。脳の疲労が増加します。

苦労して手に入れた作文の時間を、不必要なスマートフォンのアラーム音やゴシップネタで棒に振りますか？

文章を書くならば、スマートフォンをまったく鳴らない状態にするか、遠くに片づけましょう。

―5― よく食べる

スティーヴン・キングは、あるとき、書くために大量に飲酒したといいます。それにはふたつの理由がありました。

ひとつ、勇気を得るためです。

文章を書くことは、毎回が挑戦の過程です。**どんなに頻繁に書いていても、うまく書けるだろうか？ と不安になります**。脳がアルコールを吸収すると、恐怖感が少しなくなるのです。

ふたつ、脳にたくさんのカロリーを送るためです。

脳は創造的なことをするとき、多くのカロリーを消費します。

楽器の練習をするとき、普段の消費カロリーより２００カロリー以上消耗するという研究があります。

脳の全体の領域を使う作文は、どれだけ多くのカロリーを消費するでしょうか？

大量のカロリー消費を知っていて、脳があらかじめ要求する行為なのです。

文章を書くと疲れます。

疲れないように毎食しっかり食べ、空腹にならないようにしましょう。**満腹であるほど、**

いい文章が書けます。

文章を書くためには正しい習慣から

ここまで、５つの習慣を見てきました。

メカニカルキーボードとゲーミングチェアを準備するという内容もありますが、ポイントは正しい習慣を身につけることにあります。

文章を書くためにスマートフォンを見る時間を減らし、飲酒時間を減らし、食習慣を正し、早寝早起きをしましょう。

文章を書くには、まず正しい習慣を身につけることからです。

03 実力をつけるために、読解力を上げる

書くためには読まなければいけない

「この本、読んだっけ？　探してみたら家に同じ本があった」

「読むには読んだけど、何も覚えてないな」

「余韻はすごいけど、どういう話だったっけ」


こうなるのは、本を何となく読んでいるからでしょうか？

それとも、内容が本当に思い出せないのでしょうか？

答えは両方です。

本を読んでも読んだ感じがしない理由のふたつのうち、本を何となく読んでいるからという内容を先に説明します。

本を何となく読んでいる理由はふたつに区分できます。

ひとつは読解力不足、もうひとつは顕示欲による速読です。

ＯＥＣＤでは、読解力を「テキストを理解し、評価し、これを活用できる能力。読解力は、単純に単語と文章の解読を超え、複雑なテキストを読んでこれを解析する能力まで含める」と定義しています。

読解力が低い状態で本を読んでも、文字を追っているだけで、読書をしたとはいえません。一般的に、両親の押しつけや課題のために無理やり読んでいる学生に起こります。

大人は選択して読書をするため、この現象はあまり起こらないのです。

しかし、誇示するために読書する人には起こります。**解決方法は、自分の読解力に合った本から根気よく読み、読解力を上げるしかありません**。

速読は間違った読書

ふたつ目の理由、顕示欲による速読についてお話します。『子どもの頭が良くなる読書法』（北野博己訳、ダイヤモンド社、２０２１年）の著者チェ・スンピルは、子どもが間違った読書習慣を身につけるのは99％速読のせいだと指摘、断言します。

一時、天才の読書法として速読が注目を集めました。

10分で1冊が読め、内容を記憶できたら、どれだけ勉強ができるでしょうか。親たちに人気だったのです。

しかし、チェ・スンピルは、読書というものは、登場人物の対話などを通して著者の考えを洞察するものなのに、どうしたら短時間で可能なのかと反問します。

速読神話は大人になっても捨てられません。

読書を推奨する本では、数年で千冊読んだとか、1日に1冊ずつ読みなさいなどとすすめます。

はたしてその本の著者たちはどのように読んだのでしょうか？　**本当に1日に1冊ずつ**

読んだのか、疑問です。私も会社に勤務しながら古典を読もうとしましたが、1冊読むのに1週間でも足りませんでした。

『子どもの頭が良くなる読書法』の著者は、子どもが速読がしたくなる理由を3つに整理しています。

①つまらない本を読まなければならない場合
②私教育に投資する時間が多く、本を読まなければならない場合
③速読を自慢したい場合

これを大人に適用させてみましょう。

①読解力が低くても周りの人にすごいと思われたい欲から、むずかしい本を読む
②忙しく働きながら本を読んだという達成感のためにどんどん読む
③たくさん読む自分自身に満足し、他人に自慢できる

読書の量にだけこだわる、自分の姿ではありませんか？

一種の顕示欲です。

速読に渇きを覚えてはいけません。**本の意味をじっくり考えながら読めば、読解力や語**

彙力は自然と上がっていきます。

本を読んでも読んだ気がしない理由のふたつ目、本の内容が本当に思い出せない、を説明します。

記憶の研究の大家でドイツの心理学者に、ヘルマン・エビングハウスがいます。

彼の研究によると、学習して10分後から忘却が始まり、1時間後には50%、1日後には70%、そして1カ月後には80%を忘れてしまいます。

ほかの事例には、『どうやって勉強するか』（未邦訳）に出てくるヘンリー・ローディガーの実験があります。

彼は2008年、あるグループの学生には教材を一度読ませ、もう一方のグループの学生には連続して二度読ませました。すぐに試験をしてみると、当然二度読んだグループの成績が少し高く出ました。

しかし、数時間後にもう一度試験を受けさせた結果、どちらのグループも差がほとんどありませんでした。

おわかりですよね？

本の内容を覚えていられないのは、あなたのせいではないのです。

コ・ヨンソン、シン・ヨンジュンの共著『完璧な勉強法』（未邦訳）では、読解の勉強方法の弊害について指摘し、他にすべきことを提示しています。

そのひとつがアウトプットです。具体的には、習ったことを暗唱、要約、討論、発表、関連する文章を書くのです。

文章を書くことは読んだことを頭の中で再配列して加工し吐き出す、もっとも代表的なアウトプット方法です。**文章を書く過程を通じて、加工した知識がすべて自分のものとして残ります**。

読書と文章を書くことはともに進まなければなりません。

コ・ミスク作家の言葉の通り、書くために読み、読むために書かなければなりません。

書くために読めば、読みの密度が変わります。

文章を書くこととともにしない読書は、翼がひとつしかない比翼の鳥と同じです。[*5]

読書という雌の比翼の鳥が飛ぶためには、文章という雄の比翼の鳥に出会ってともに進

＊5
中国の伝説上の鳥。翼がひとつしかないため、雌雄が一緒でないと飛べない。

まなければなりません。

目次ごとのメモと書評を書いて、作文と読書の両方を手に入れる

文章を書いて、読解力も上げながら、記憶に残る読書をする方法はあるでしょうか？

簡単な方法があります。

読みながら線を引き、目次ごとに感じた点をメモし、最後に書評を書く「目次書きと書評書き」です。

まずメリット４つを説明してから、具体的なやり方をお話しします。

―1― 読書と文章を書くことを一度にできる

―2― 記憶の種を与える

―3― 感情の整理

―4― ブログにアップすれば、努力の蓄積が見える

ー1ー読書と文章を書くことを一度にできる

忙しい時間を削って読書するのに、文章まで書くなんて、やる気が出ませんよね。

しかし、**「目次書きと書評書き」であれば、読書しながら文章を書く訓練ができます。**

別途、時間をとる必要がありません。

読後、書評を書くために話のネタを探す必要もありません。

ー2ー記憶の種を与える

目次ごとに主な内容と感情をメモし、書評を書きます。

書いた内容と書評を見れば、本の内容を思い出せます。

ー3ー感情の整理

感情や気持ちを言葉で表現するのはむずかしいです。メモしていなければ、曖昧《あいまい》なものとして蒸発し消えてしまいます。

具体的になぜ感動的だったのか、どんな感じがしたのかをメモしておくと、後で書評だけ見てもそのときの感情がよみがえります。

―4―ブログにアップすれば、努力の蓄積が見える

数年間で千冊読んだ、1日1冊ずつ読んだ、と本を書いて読書法を宣伝したとします。

それを信じてもらえるでしょうか？

証拠がありません。

そこで、本を読み、書評を書き、ブログにアップしましょう。ブログは作成日が記録されるので証拠になります。こうすれば疑う余地がありません。

その上、このような戦略的読書の記録は就職の面接官に努力した過程を見せることもできます。きっと加点をもらえるでしょう。

読書しながら文章を書く訓練をやってみよう

手順は5段階あります。

まず、準備事項です。

本に線を引いて文章を書くので、本を購入しなければなりません。中古でも構いません。

ボールペンを用意します。3色ボールペンか赤色のボールペンです。

片手にボールペンを持って読みすすめます。

―1―本を読んでいて意味がわからない単語が出てきたら丸で囲む

わからない単語の意味を、前後の文脈から類推します。それでもわからないときは辞典で調べて、本にメモします。

これで、読解力と語彙力を伸ばせます。ただ通り過ぎてしまっては、語彙力は伸びません。

―2―中心になる内容や重要な内容だと思ったら線を引く

―3―目次ひとつ分の項目を読んだら、目次ページに戻って空きスペースに内容を要約する

要約は、積極的な読書から吸収した情報を、再編集して吐き出す過程です。当然長く記憶に残ります。

要約したとき、文章の要点、結論は何なのか、読者の同意や共感を得るためにどのような根拠や理由を書いているのか、3行程度で書きます。

初めてやる人はむずかしいと言います。しかし、やっているうちに短い要約が可能になると断言します。

—4— 1冊の本を読み終わったら、本の最後の空白スペースに書評を書く

目次別の要約と重要部分に線を引いたことで、すぐに書けるでしょう。

—5— ブログに書評をアップする

ブログに文章を書くと4つのメリットがあります。

①読者が生まれ、読者を意識して文章がさらに発展する
②蓄積された文章を見て、満足でき、やる気につながる
③現在の文章と過去の文章を比較して、発展した自分を感じる
④ブログを書き写しながら推敲できる

書評の書き方

書評をどのように書けばいいのかわからない方のために要領を説明します。

書評と読書感想文は、同じ性質の文章です。同じ内容に評価を少し入れれば書評になり、感じたことを入れれば読書感想文になります。

書き方は簡単です。

6つの質問に答えて続きを書けばいいのです。書評には作成日を書き、署名をする点だけが異なります。

①本を読んだきっかけ
②著者／本に関する内容
③内容の要約
④新しく知った事柄や気づき
⑤本に対する自分の考え
⑥この本が自分に与えた影響

ここまで「目次書きと書評書き」の必要性とメリット、方法を説明しました。
「目次書きと書評書き」は読書しながら文章の練習もできて、本の内容を長く記憶できる、もっとも効果的な方法です。ぜひ実践してください。

読んだだけでは足りません。**文章を書かなければ伸びることはありません**。

04 ブログでお金を稼ぐには

生き残るためにはまずブログ

ブログの運営をかならずしましょう。その理由は4つです。

1 「私」を知らせなければ生存できない

人工知能の登場により、職業の入れ替わるスピードが早くなり、次々に再編されています。高学歴時代も崩れつつあり、真の実力者だけが生き残る時代になりました。

このような時代に生き残るためには、自分だけの感情を知らせなければなりません。こ

の目的にもっとも適切なのがブログです。

―2―ブログは「私」を知らしめるもっとも普遍的な手段

自分を知らせる方法には、Facebook、Instagram、YouTube などがあります。

Facebook と Instagram は日常生活の露出というプレッシャーがあり、YouTube には企画や編集という高い壁があって手を出しづらいです。

一方、ブログはテーマを決め、ゆっくり企画して文章を書けるため、個人の私生活の露出を避け、気軽に自分の感情を吐き出すことができます。

ブログを完成させてから、Facebook や Instagram を活用してブログに利用者を誘導する方法もあります。

まずはブログです。

その人の人生の痕跡がにじみ出るブログは、学力や経歴を数行書いた履歴書より信用に値します。

あなたが社長だったら、履歴書だけ提出する人と、5年、7年にわたって専門家のような現場の経験とスキルアップのために努力した姿が見えるブログを持つ人、ふたりのうち

のどちらを信頼しますか？

―3― 文章の実力が向上する

無理やりにでも文章を書くようにすると、実力は向上します。

―4― 信頼と能力を知らせる

よく書けた文章は、その人の能力の期待値と信頼度を上げます。

専門的な内容と努力、経験が溶けた水の流れのように読めるあなたのブログは誰もが信頼し好感を抱くでしょう。

今すぐパソコンをつけて、ブログを開設しましょう。先のばしせずに始めてください。

生き残りの始まりです。

ブログで人気を出すには、どんな文章を書くべきか？

では、何を書けばいいのでしょうか？　自分の強みや努力を表す文章といっても漠然としています。

どうせ書くなら、検索したときに上位に出て、多くの人に読んでもらいたい。コメントやいいねもたくさんもらいたい。

そのためには、どのような文章を書けばいいのでしょうか？　この質問に答える前に、まず言いたいことがあります。

「プラットフォーム会社が好む文章を書きましょう」

プラットフォーム会社が好む文章を書くのは、なぜでしょうか。Google、Facebook、Instagram などのプラットフォーム会社は、広告が主な収入です。

利用者がプラットフォーム空間に長く留まれば多くの広告を出せます。これは収入に直

結します。

プラットフォーム会社は、読者の理解に合う文章を、キーワードの検索上位に出てくるようにします。これがブログの運営者が多くのフォロワーを獲得できる仕組みです。

では、会社が好むブログの内容とはどのような文章でしょうか？

それは、専門的なひとつのテーマをもち、脈略を維持しながら継続的に投稿される文章です。

これには3つの理由があります。

―1―他のプラットフォームにはない専門的な情報のため、該当のプラットフォームを訪れるようになる

―2―専門的な内容の文章に一貫性があり、継続して積み重なると、プラットフォームの価値が上がる

―3―継続は信頼感を与えます。プラットフォーム会社だけでなく、利用者にも信頼を与え、また見に来るでしょう

プラットフォーム会社が好む条件を、あなたが書きたい文章に合わせてみてください。「専門的で、脈絡を維持し、継続的に投稿する」という3つの条件をすべて満たせれば最高にいい素材になりますが、初心者はふたつの条件だけでも満たせば十分です。

まずは最初が肝心です。

読書録のような場合、経営、経済、もしくは育児などの一分野に特化した書評を継続的に投稿するのも、専門的な内容になります。

農業を営む方は、農業日記を書くのもいいでしょう。

自分だけのノウハウ、自分だけの経験がある文章は、他のプラットフォームや本でも見つけられない専門的な内容なのです。

1段落目で、これを読むとメリットがあると認識させる

前にお話しした30－3－30の法則があります。ブログにはこの法則を厳格に適用させましょう。

なぜか？

何の情報もない、見ず知らずの人が書いた文章を、誰が読むでしょうか？

読者は30秒で読むか読まないかを判断します。**クリックひとつで出て行ってしまいます。**


どうすれば読者を得られるでしょうか？

文章の冒頭、1段落目に「あなたはこの文章を読まなければならない」という強力な「動機づけ」が必要です。


むずかしいですよね？

簡単に3段階に分けて、読者に読む動機を与える方法を説明します。

—1— 価値、信頼、権威を書く

フォロワー100万人のユーチューバーとフォロワー50人のユーチューバー、あなたならどちらを信用しますか？

もちろん前者でしょう。

なぜでしょうか。

フォロワー100万人という数字に「価値、信頼、権威」があるからです。

それでは私たちはどうすべきでしょうか?

一文目やメインタイトル画面に「価値、信頼、権威」を与える写真や文章を配置し、みずからそれらを付与しなければなりません。

まずは写真です。

食堂の社長であれば自分の食堂の看板や入店の列に並んでいる人の姿を。作家であればこれまで出版した本や公募選の受賞実績を。農家であれば活気あふれる農場の全景を、せっかくなら立て看板も入った写真がいいでしょう。

これらをメイン画面やブログの文章の冒頭に配置します。文中に挿入するときは、文章と関連した写真がいいでしょう。

次に文章です。

作家であれば「2冊のベストセラーを書いた作家」、子育てするママであれば「6カ月の子どもの新米ママ」、農家であれば「生まれてから生涯を土とともにした歳月40年」、販売業で書くならば「我々の売り場に1日100名以上のお客様が来るのは、独自のサービスのノウハウがあるからです」などと書きます。

―2― うんうんと共感し、あいづちをうたせる

ブログを訪れる人々は、ほとんどが問題や悩みを持っていて、キーワード検索をして入ってきます。

彼らに「私もこういう悩みがあるよ」、「私もこういう問題を抱えているよ」と語りかけるのです。**すると読者は「私もこう思ってた！」、「この人も私と同じ考えなんだ！」と頷き、信頼関係が形成されます**。

うんうんとあいづちをうつ文章は3つ程度がいいでしょう。

育児ブログであれば「思春期なのか、7歳の息子の行動がめちゃくちゃです」、「子どもが風邪をひきました。私が至らないせいではないかと胸を痛めています」。

農家ブログであれば「稲の収穫が明日なのに秋雨の予報で心配です」、販売業ブログであれば「店舗のテナント料を上げたいと言われたけれど、店の売上げが上がらず悩んでいませんか？　私も同じです」、「暑くなってきたのに電気代を上げるなんて、酷いですよね？　どうしたらいいのか困っています」。

3 信頼感を与える

1段落目の最後は、レビュー、感想や成功事例を書きます。
問題を解決したビフォアーアフターの様子を写真や文章で見せるのです。

ブログの文章の前段部分には「価値、信頼、権威の付与」、「うんうんとあいづちをうたせる」、「信頼感を与える」この3つが必要不可欠です。少なくともふたつは入れましょう。

重要なのは、読者に私の文章を読めばメリットがあり、損を避けることができると認識させることです。**「こんにちは、○○です」、「今日は暑いですね」などのあいさつで始まる文章は絶対にいけません。**

導入部の説明は以上です。**文章全体の30％を導入部、残りの70％を本文に分配します。**
次は本文を説明します。

本文には悩んだ痕跡を残す

前述したように、本文は専門的な内容で作成します。方法は、「NAVER知識百科」や「ナムウィキ」〈韓国版ウィキペディア〉などの資料を自分のもののように再編してアップすることです。

このとき注意するのは、コピー／ペーストをするとプラットフォームの人工知能がブログの評価を下げてくることです。

いちばん理想的なのは、関連本をいくつか購入し、内容を整理して自分のことのように書いてアップする方法です。プラットフォームの基本原則を思い出しましょう。

私は自分だけの文章を投稿するのだという「専門性」「ほかの人とは違う」ということだけを考えます。

また、文章の内容をワードやほかのテキストメモに書いておいて、それをコピー／ペーストするのもいけません。人工知能は、あなたの誠実性をブログを作成する時間で評価するからです。コピー／ペーストをして短時間で作成すると、一生懸命やっても低評価をつけられてしまいます。

写真は他人のブログから持ってきてアップしてはいけません。

ブログの評価が下がるだけでなく、著作権法違反です。

どこかから持ってくるときはかならず出典を明示します。スマートフォンのカメラ機能がすぐれているので、自分でたくさん撮りましょう。

導入部と本文に共通することですが、段落は細かく分けなければなりません。こうしないとモニターやモバイル媒体で読みにくいのです。

引用符や、区分するためにアンダーラインを使用するのもいい方法です。

やっとのことで読者を引っ張ってきたのに、可読性が低くて読者が去ってしまってはつらすぎます。

パワーブロガーになる秘密の方法

パワーブロガーになる基本的な方法はお伝えしました。

ここからは秘密の方法をお教えします。

キーワード上位に出てくる方法は、プラットフォーム会社が公式に発表しているもので

はないので、理由は説明できません。説明のしようがないのです。

―1―検索キーワードはタイトルにひとつ、本文に4つとする

―2―タイトルは21字以内、本文の終わりにタグを配置、タグは10個以下

―3―文章の最後に、自分のブログに関連する文章3つのリンクを貼り、読者をブログ内により長く留まらせる

―4―店のブログであれば、最後に電話番号や店舗の地図を入れて、店を宣伝する

―5―成功事例はかならず具体的な数値や根拠で示す（例：50％、ひと月に3億の売上）

これらのことから離れて自分の話を書きたい方は、プラットフォームが好む「ひとつのテーマで脈絡を維持して、継続的に書く文章」、これだけを肝に銘じればいいです。

基本原則を守りつつ、継続的に投稿し、読者と意思疎通を図っていれば、いつのまにかパワーブロガーになっているはずです。

本書を読んでブログを開設しただけでも、あなたはひとつの変化を成功させました。

05 筆写は新しい読書

小説を3冊だけ筆写しよう

「小説を3冊だけ、筆写すればいいのです」

これは誰の言葉でしょうか?

小説の書き方を教えてほしいと言う聴衆の問いに、趙廷來《チョジョンネ》作家はこう答えました。驚きませんか。

たった3冊筆写すればいい?

漠然と、筆写が小説作法の習得にいいことはわかっていましたが、大作家までもがすすめたことが意外でした。

趙廷來は筆写を息子とその嫁にもさせました。

本は自身の著書『太白山脈』です。

『太白山脈』は不朽の名作で、大学生が後輩にすすめる本1位の現代古典です。

本の著作権は作家の死後70年間相続されます。

趙廷來は息子と嫁に、著作権を相続したければ『太白山脈』を書き写すように宣言したのです。不満もあったでしょうが、考えの深い嫁は舅の言う通り妊娠中も筆写しました。すべて書き写し終えたとき、義父がどれほど苦労して書き上げたのかを感じたそうです。

小説を書くためには3冊を筆写しなさいと言い、嫁に筆写させたところを見るに、趙廷來も小説を学んだときに間違いなく筆写したのでしょう。趙廷來の性格上、自分が感じていないこと、経験していないことを、聴衆に語ったり、息子夫婦にさせたりするような人ではないからです。

趙廷來のように、作家の中には筆写で文章を学んだ人が多いです。

「序詞」〈『空と風と星と詩』の冒頭部分にある、序文であり詩。人々が「序詞」と呼んだため、今ではそれが題名となった〉で有名な尹東柱《ユンドンジュ》は白石《ペクソク》の詩集を筆写し、『母をお願い』を書いた申京淑《シンギョンスク》は『こびとが打ち上げた小さなボール』を筆写しました。

文筆家ではありませんが、人気ウェブトゥーン『ミセン（未生）』のユン・テホ作家はストーリーテリングのためにドラマ『砂時計』の台本と、崔仁浩《チェイノ》のシナリオ全集を筆写しました。

このように、筆写は、作家がひとりでも文章や文章の構造を組み立てる術を学べる通り道なのです。

書き写すことが何よりも成長させる

筆写、つまり書き写しには、どのような効果があるのでしょうか？

3つに整理して説明します。

—1—より深い読書ができる
—2—間接的に文章を書くことを経験できる
—3—筆者の文体を身につけられる

—1—より深い読書ができる

書こうとして文章を見ると、文章に視線が長く留まり、集中します。

書き写すために、脳が少しの間文章を記憶します。手で書くとき、文字の位置、順序などに悩みます。

一度で三次元的に脳が動きます。読んで、考えて、書いて。目で読んでいるときにはまったく見えていなかった表現を見つけたり、見逃していた文章に気づいて驚きます。

文章の意味が深く感じられます。このような深い読書のために筆写をする人もいます。

—2—間接的に文章を書くことを経験できる

文章を書こうとすると多くのエネルギーを消耗します。書くことが怖くなります。

また、いざ書こうとすると、何を書いたらいいのかわかりません。

このとき活用できるのが筆写です。

文章をどのように始めようか、流れはどのように進めていこうか、主張を裏づける論旨の構成はどうするか、比喩はどうするか、最後の主張はどうするか。

みずから文章を書いているわけではありませんが、書き写すことで経験できます。

3 筆者の文体を身につけられる

文体は文章に表れる作家の個性、文章を書くスタイルです。

文章を学ぶ人は、羨望する作家の文体を追いかけます。作家の文体が好きでファンになったりもします。

彼らの究極の目的は、羨望する作家のように書くことです。

作家の文体を自分のものにする方法はふたつあります。

ひとつは、その作家の本を何冊も読み、すぐに文章を書くことです。李國鐘《イグクジョン》教授の『ゴールデンアワー』（未邦訳）を例に挙げます。読むとまるで金薫《キムフン》の『孤将』を読んだような感じがします。

調べてみると、李國鐘教授は金薫の熱烈なファンでした。金薫の本をすべて読んだので、

自分でも知らないうちに金薫の文体で書いていたのです。

もうひとつが、筆写です。

筆写は、ただ本を読むことよりも強力です。**筆写して小説を学んだ人は、気づくと尊敬する作家と同じ文体で文章を書いています。**

筆写は量よりも質です。米を吟味し味わうように、文章を吟味して書くことを肝に銘じましょう。

06 成長のために公募展に出そう

成長のために大会に出品する

一生懸命書いているけど、うまくなっているのだろうか？

これは、文章を書いて未来を変えようと決心し、初めて文章を書いたときに感じた気持ちでした。文章に確信が持てるまで、この問いは消えませんでした。書くたびにこの問いが胸に重くのしかかりました。

文章のうまい誰かが、自分の書いたものを読んで、どう感じたかだけでも教えてくれたらいいのに、と渇望していました。

烈士となった労働運動家全泰壹《チョンテイル》が漢字でいっぱいの労働法を見て、「ぼくにも大学生の友達がいたらな……」と残念そうにしていた、あの気持ちです。

ひとりで文章を学ぶあなたも同じ気持ちでしょう。

書けば書くほど思いは募り、大きくなります。渇きをおぼえた心でいくつかの本を読みますが、心の底に沈んだ不安感は相変わらず拭えません。

私が探し出した代案は、公募選に応募することです。

さまざまなところに文章を送り挑戦することをほかの言葉で表現できず、公募選と書きました。私は読書感想文大会、雑誌の手記、国家政策を宣伝するコピー大会のようなところに出品しました。

この挑戦は文章だけでなく、人生に対する心構えも成長させてくれます。

公募選に出品すると、６つのメリットがあります。

―１― 挑戦する過程を通して自分の実力がわかり、力量が向上する

―２― 客観的な評価ができる

―３― 動機が持てる

ー4ー新しいテーマに合わせて、多様な文章を書ける

ー5ー経歴が増える

ー6ー賞金がもらえる

ー1ー挑戦する過程を通して自分の実力がわかり、力量が向上する

公募選に挑戦するときは、挑戦する公募選がどのような性格で、過去にはどのくらいの水準の作品が選ばれているのかを確認します。**そしてかならず前年度の最優秀作を読んで分析しましょう。**それから分析資料に合わせて文章を書きます。

発表された最優秀作と審査評を読みます。もう一度、自分の文章を分析します。この過程を通して文章が成長します。落選、入選によって自分のレベルがどの程度なのか評価することもできます。

ー2ー客観的な評価ができる

政府が開く大会や大企業で催す大会は公正です。審査委員も有能な人たちです。このような公募選に入選したということだけでも、客観的に実力を確認することができます。

一3一 動機が持てる

公募選にひとつでも入選した瞬間、「私もできるんだ」という自信が湧いてきます。**「私とは違う世界の人たちがすることだ……」と、引いていた境界線が崩れます。**

努力すればできる気持ちになり、何でもできる自信と挑戦する勇気が生まれます。**初めての受賞がいちばんうれしく、もっともたくさんの力をくれるのです。**

一4一 新しいテーマに合わせて、多様な文章を書ける

手記や読書感想文の公募選は、主催側の目的に合わせて書かなければなりません。地域を盛り上げるための紀行文もそうです。

ある程度実力がついてくると、賞金の高い童話、短編小説への欲も出てきます。多様なテーマ、文章を書かざるをえません。一つひとつ研究してテーマに合う文章を書くことで、実力が向上します。

一5一 経歴が増える

文章は自分とは違う世界の人が書くものだ、と多くの人は思っています。そのため、全

国作文大会の受賞実績は、あなたを見る世間の目を変えるのです。

フリーランサーのような個人で仕事をしている人ならば、自分を知ってもらい目立たせるのにいい機会となるでしょう。文人協会の会員であることよりも、自費出版で出版した本よりも、**主要大会の受賞実績がよりあなたを価値ある存在にするのです。**

—6— 賞金がもらえる

公募選に入選すると、副賞として賞金をもらえます。想定よりも応募者が少なく、賞金が多いところもあります。また、海外旅行にも行けます。私は『美しい英雄　金永玉』の読書感想文大会で2位になり、ヨーロッパ旅行に行きました。

07 公募で入賞する方法を知っておく

少なくとも年に2回、できればひと月に1回努力する

文章を書いて出品する方法は、種類と準備期間によって大きく3つに分けられます。

—1— 雑誌に手記を書く
—2— 読書感想文、エッセイ部門に出品
—3— 短編小説、童話部門に出品

雑誌社に寄稿する

インターネットが活性化する前は雑誌社がたくさんありました。無料で配布していたものも多くありましたが、今はかなり減りました。

会社が減ったので、ラクになったともいえます。多くを見ずとも、どこへ書いて送ればいいか、わかりやすいからです。

雑誌を見ると、途中途中に読者の参加を呼び掛ける内容があります。見つけたら、まず書いて送ってみましょう。送る人が少ないので、よく掲載されます。**さらにおもしろいのは編集者に電話をすると、なぜ載せてくれたのか、なぜ載せてくれなかったのかを教えてくれる場合もあることです。**

まだ子どもが小さかったころ、育児雑誌に便りを送りました。数カ月後に連絡が来ました。内容を掲載してもいいか、と。**なぜこんなに遅くなったのかと尋ねると、雑誌に載せるほどではなかったけれど、ほかに届いた便りがなくて載せることになったということでした。**意外にも世間の人は書いていないことがわかったのです。

周囲のちょっとした雑誌をよく見てみましょう。

読んで、便りを書いて送ってください。完全に悪文でなければ掲載されます。掲載時に

は、雑誌社の編集者が修正するはずですから、修正された文と自分の文章を比較するといいでしょう。掲載されれば大金ではありませんがお小遣い程度にはなりますし、自分の記憶が美しい文章で記録されてうれしい気持ちにもなります。

公募選に挑戦する

さあ、本格的に公募選に挑戦です。さまざまな公募がまとめられているサイトを検索しましょう。詩、読書感想文、小説、ストーリーテリングなど、いろいろな内容が出てきます。多様な作文に挑戦できます。

はじめて挑戦するなら、欲をかかずに読書感想文やエッセイ部門に挑戦するのがいいでしょう。

読書感想文とエッセイを薦める理由は、書く量が少ないからです。

文章を書いていると、全体的に軌道修正しなければならないときがあります。このとき疲れずにできるのがこのふたつです。

文章量が少ないので、全体的な流れを頭の中で編集できます。さらに、読書感想文は話のネタを本の中から、エッセイは生活の中から探すため、ネタや素材を探しやすいです。

最初に挑戦するのにちょうどいいでしょう。
段階別にお教えしましょう。

第1段階、挑戦分野を探す段階

大会が全国規模なのか地域単位なのか、大企業の主催なのか学校の主催なのかを見ます。はじめての人は、副賞の小さい地域単位、小規模の大会がいいでしょう。**競争率が低いからです。**勝つ習慣、合格してこそ楽しさを感じますし、続ける動機にもなります。出品先を探すとき、読書感想文とエッセイは1～3カ月程度、短編小説と童話は3～6カ月程度余裕のあるものをおすすめします。

そうすれば仕事や家事と並行しながら準備できます。**追い込まれてしまうと、作品は作品にならず、ストレスだけが溜まっていきます。**

第2段階、テーマを把握する段階

出品先を決めたら、公募選の目的を把握します。作品の選定なのか、政策や本の広

報なのか、主催側が要求するものが何なのかを把握します。

もっとも重要な部分です。**公募選をする理由が政策の広報なのに、違うテーマで文章を書いて選ばれるでしょうか？** 製品の広報なのに、製品がよくないという内容を書いて選ばれるでしょうか？

第3段階、読む段階

他人の文章を読んで実力を高める段階です。

主催の担当者に電話をかけ、前年の優秀作を見る方法を問い合わせます。大きいイベントであれば本で発行したり、内容をサイトに掲載したりしています。**そして、直近約3年分の優秀作を集めます。6編程度をおすすめします。**

多すぎると読むのも大変ですし、1位と2位がいちばんいい作品だからです。

作品を徹底的に分析して、1作品あたり3回は読みます。**流れはどうか、テーマをどう分析しているか、主催者の要望にどのくらい応えているかなどを分析します。**

いい文章を読むと、文章を読む目が養われます。

また、文章を読みながら、公募選のレベルがどの程度なのかがわかります。もっと

も重要なのは主催者側の好む文体が自分に染み込むことです。文章を書いていると、自分でも気づかぬうちに優秀作と似たような文体で書いています。

第4段階、書く段階

ここまでくるのに1～2週間かかります。

分析を終えたら、読書感想文なら平日に本を読んだり、エッセイは素材を探したりします。メモは必須です。

本を読み終えて素材を見つけたら、話の概要をどう組み立てるか、流れをどうするか、スケッチします。

それが終わったら「週末作文」、「朝作文」で、まずは書きます。知っておくべきことはこの段階では初稿だということ、ごみくずに過ぎないということです。

第5段階、継続する推敲の段階

書いたものを出力します。

新しく買ったスマートフォンのようにかならず持ち歩いて、時間があれば取り出し

て読みます。出勤時、ランチタイム、帰宅時に読みましょう。

かならず声に出して読みます。止まったところは、うまく書けていない部分です。

そして夜、推敲したものを修正します。修正し、出力して読んで、推敲する、をくり返します。軌道修正が必要であれば、断固として軌道修正します。

気持ち悪くなるくらいまで、滑らかに音読できるまでくり返します。合間に優秀作を読んで、自分の文章と比較もしましょう。

第6段階、出品する段階

期間を正確に把握して出品します。そして出品番号をカメラで撮っておきます。

エントリーを外部に委託していない小さな公募選などは、担当者に電話して、ちゃんと届いているかを確認しましょう。かならずです。

担当者も人ですから漏れることもありますし、サーバーが不具合を起こす場合もあります。

出品で最悪なのは、最終日にエントリーすることです。応募が集中するため、作品が届いたかどうかの確認もできず、処理が遅れることもあります。

勉強ができる学生は試験期間に遊びます。

ゴルフのパク・セリ選手の有名な言葉があります。**「大会に出場しているときがいちばん暇だ」**

一生懸命準備したら、受付開始とともに提出しましょう。**少なくとも締め切り日の3日前には出さなければなりません**。サーバーの不具合も確認できますし、受領確認の電話をとった職員も親切に対応してくれます。

ほとんどの作品が最終日に到着します。これは多くの人が前もって準備せずに焦って提出しているということです。

準備ができている人がいい作品を書けると思いませんか？

✓ 第7段階、結果を分析する段階

結果が出ました。入選すればいいですが、**落選しても落ち込んではいられません**。入選作品を読みましょう。優秀作を徹底的に分析しながら読みます。

審査評に、なぜ優秀作を選んだのかが書かれています。スティーヴン・キングは、作品を3カ月寝かせないと客観的に読めないと言います。

ここで止まってはいけません。来年の約束をするのです。

また、いくつかの大会に挑戦すれば、多くの作品をつくれます。**これらの作品を融合させて、別の大会に出品しましょう。**


以上の段階を継続すると、おのずと実力は伸び、いい文章とは何なのかがわかってきます。

ひとりで公募選の準備をする段階でもっとも重要なのは、「読む段階」と「結果を分析する段階」です。

「私は文章がうまい」といって、このふたつの段階をけっして省略してはいけません。

落選した作品は、次の作品のもとになる

自分なりに一生懸命挑戦しても、望んだ成果が出ないこともあります。ほとんどがそうです。

しかし忘れてはならないのは、挑戦しながら成長するという点です。

挑戦していると作品数が増え、思考の枝がだんだんと広がります。2、3作品を合わせて、新しい作品になることもあります。

私の2017年度に兵営文学賞に入選した『刀と犬歯』は、もともと人間と犬についてのエッセイでした。前年度に落選した作品です。軍が主催する大会に、突拍子もなく人間と犬のエッセイを書いたので落ちて当然でした。

ところが、巨石の支石墓を見たとき、昔の人はどうやってあんなに重い石を乗せたのだろう、と考えました。そこに人間と犬のエッセイの内容を合わせて『刀と犬歯』という短編小説を書き、初めて入選したのです。

2021年、公職文学賞で国務総理賞を受賞した『ハトぽっぽの夢』も同じです。もともとメジャーな童話の出版社の公募選に出品する予定でした。公職文学賞に童話部門があると知って、作品をまた最初から書くようにして優秀な成績を修めることができました。作品を研究して書くことが重要です。

忘れないでください。

私たちが知っているトルストイやモーツァルトの有名な作品のかげには、知られざる数

多くの作品があることを。**落選した作品が次の作品のもとになるのです**。

来年を約束して挑戦しよう

挑戦する公募選をどのように準備し、作品をどのように書くかがわかりました。

それでも落選してしまいました。

心配はいりません。公募選は来年もあります。大きな公募選は毎年行われます。一度経験したら、これからは公募選の公示が出る前に準備できます。

これが重要な点です。大きな公募選は前年の公示を見て準備できます。挑戦するところはたくさんあります。

挑戦して感じてください。**成長のよろこびを**。体からアドレナリンとドーパミンが湧き出てくるはずです。

08 人生を変える小説も思いのまま

小説を書かなければならない理由

小説を書く?

そうです。文章を学んだのなら、小説や童話を書かなければなりません。

その理由は5つあります。

- 1 文章力を伸ばせる
- 2 起承転結のストーリー構造を理解できる

―3― 企画力を高める

―4― セリフや描写の実力が一気に伸びる

―5― 融合力が上がる

―1― 文章力を伸ばせる

初めて小説を書くときは、短編を書くしかありません。短編小説は短い分量です。文章の一つひとつに力を注がなければなりません。また、書くために短編小説を読むと、いい文章が身につきます。

―2― 起承転結のストーリー構造を理解できる

物語の構造は起承転結です。短編小説はこの構造にしたがって簡単に構成できます。起承転結の構造を身につけることができます。

ほかの形態の一般的な文章に起承転結を応用する能力を育て、いつどこでも物語を構成

できるようになります。

一3一企画力を高める

どのように物語を始めて締めくくるか。

主人公はどんな性格？

背景は？

空間は？

このように企画していると、論理的に構造を組み立て、文章の流れをつかむのが簡単になります。

一4一セリフや描写の実力が一気に伸びる

論理的な文章の場合、描写やセリフを使うことはほとんどありません。

一方、小説や随筆では、場面によっては読者に状況を説明せず、セリフや描写でみせなければなりません。これがめちゃくちゃだと、話のおもしろさは半減します。

読者の緊張感と没入のために、生き生きとした表現を研究しましょう。

短編小説をひとつ書いて四方八方から見返していると、ある瞬間、描写と台詞の実力が上がった自分に気づくでしょう。

―5― 融合力が上がる

多様な思考のサブキャラクターや主人公の葛藤、不思議な状況など、ストーリーの新鮮さのためには見たこともないものを合わせて融合させなければなりません。**融合できなさそうなもの同士を融合させてこそ、おもしろい小説になります。**

こうして育てた融合力はタイトルや目次、冒頭と最後の文章を決めるとき、有用に使うことができます。見慣れないものを組み合わせて融かし合わせたとき、まったく新しい文章ができるのです。

はじまりは、主人公を見知らぬ空間へワープさせることから

小説の作法を説明しようとすると、本を1冊書いても足りません。私には作法を教えるつもりはなく、そんな力量もありません。

とにかく、Ａ４用紙15枚の分量の超短編小説と童話から始めましょう。

それから主人公を見知らぬ環境へワープさせたり、見知らぬものに変えたりします。

こうすると自然にストーリーが降りてきます。**その状況から抜け出すために、生き残るために、主人公が必死に動きだします**。

あなたはそれを文章で表現するだけです。

スティーヴン・キングが短編小説を書き始めたころに使っていた手法です。スティーヴン・キングの代表作を筆頭に例を挙げます。


スティーヴン・キングの「霧」（『闇の展覧会 霧』に収録、広瀬順弘訳、早川書房、２００５年）は、突然街を襲った霧の中で生存する話で、チョ・ソク作家のウェブトゥーン『MOON YOU』は月にひとり残った男の生存記です。すべての人間がドラキュラになった世界で自分ひとりだけが普通の人間という『I am legend』。映画はゾンビになっていましたが、原作はドラキュラでした。Netflixの人気ドラマ『今、私たちの学校は……』は、ゾンビが占領した学校。『Sweet Home―俺と世界の絶望』は、いつ怪物になってしまうかわからない、さまざまな人間が集まる古アパートで、作家が命令せずとも、生存のために主人公が勝手に

動きます。

このときの一場面を持ってきて、文章にするのです。『庭を出ためんどり』は、めんどりという私たちにはなじみのない主人公と、養鶏場ではなく森にいる鶏という変わった状況を合わせて物語をつくっています。

このようにちょっと普通ではない状況となじみのない主人公をつくったら、主人公が動いている一場面を切り取り、起承転結に沿って書けばいいのです。

短編小説は場面展開が早く、登場人物が多くないので構成しやすいです。

書き直すのも大変ではありません。あなたにも書けます。

自分だけの想像を文章にする方法

まだ漠然としていて、むずかしいですか？

なにも小説家になろうと言っているわけではありません。

私がお話したいのは、誰もが想像上の物語を持っていて、それを文章で表現し、読者の

視線を惹く文章になるよう試行錯誤してみよう、ということです。試行錯誤しただけ文章の実力は伸びます。公募選にも出品できます。

超短編小説や童話を書いてみるのもいいですし、分量を考えずに書くのもいいでしょう。物語を構成し、文章にすることがはじまりです。一度は書いてみることをおすすめします。

『灰色人間』〈未邦訳〉を書いた作家キム・ドンシク〈中学校を中退してから鋳物工場で十年間働いていた異例の経歴をもつ作家〉は、ただ思いついたストーリーをインターネットに超短編小説として書いていたら、自然と文章の実力がつき、ベストセラー作家になりました。

J・K・ローリングは幼いころ、架空の物語をつくり出す、空想の中に暮らす子どもでした。生活苦で娘のミルク代を稼ぐために空想上の物語を文章にして、世界的な富豪になりました。

私は電線にとまっている山鳩と、公園でエサをもらっている鳩の暮らしを比較して書いた『ハトぽっぽの夢』で国務総理賞を受賞しました。

意外にもあなたに素質があって、人生を変えるきっかけになるかもしれませんよ。

ウェブ小説で、人生を変える

『雲が描いた月明り』、『キム秘書はいったい、なぜ？』、『俺だけレベルアップな件』、『月明りの彫刻師』、『再婚承認を要求します』。

これらの共通点は何でしょうか。

それは、大バズりしたウェブ小説で、ひと月に10億ウォン〈約1億円〉を稼いだ人気ウェブ小説だという点です。

そんなことが可能なのでしょうか？

可能なのです。

2022年、韓国のウェブ小説市場の規模は6000億ウォン〈約600億円〉です。**ウェブ小説では、一度の成功で人生を変えることができるのです**。

さらに興味深いことに、『キム秘書はいったい、なぜ？』の作家チョン・ギョンユンは、本業が薬剤師で、仕事の合間に文章を書き続けて成功したひとりです。

昔ながらの紙の本の小説は、出版されても収益があまりありません。印税は本の価格の10％で、ミリオンセラーになってようやく10億ウォン〈約1億円〉ほどの収益になります。

紙の本の小説からウェブ小説家に転向した作家が、小説家同士の会食で「この子今年1億ウォン〈約1000万円〉稼いだらしいよ」と羨ましがられ、ひとり微笑んだという話もあります。

ウェブ小説には、昔ながらの出版小説に比べて、メリットが4つあります。

―1― 高い収益率

ウェブ小説は、1篇あたり約100〜300ウォン〈約10〜30円〉です。これを作家が7割、プラットフォーム会社が3割で分けます。**1対9である出版市場より、作家がはるかに高い収益を得られる構造です。**

―2― 匿名性

ペンネームでの活動も可能です。ウェブ小説の有名作家の中には、一緒に暮らす家族に

も知られずに書いている作家も多くいます。**最高の副業でしょう。**

―3― 参入する障壁が低い

既存作家も新人作家もスタートラインは同じです。

既存作家だからといって有利なわけではありません。人気がなければすぐ落ちていきます。

ウェブ小説のプラットフォームで無料連載から始め、人気になってきたら有料連載になります。すぐに収益が創出されます。

―4― 文学的素質がなくてもいい。叙事的なストーリーだけあればいい

ウェブ小説は紙の小説と違って、描写や叙述の分量が少ないです。小さいスマートフォンで見るため、話が長くなると読者は読みません。

論理的な文章の実力と、テンポのよいストーリー展開を構成する能力さえあればいいのです。

読者に文学作品ではなく、ファンタジーを贈りとどけましょう。

最初はプラットフォームに1話アップすることから

できそうだけど、勇気が出ませんか？　どうやって始めればいいのでしょうか。

1 プラットフォームに加入する

代表的なものに、「小説家になろう」、「カクヨム」などがあります。

2 無料連載と有料連載、その日のベストを見る

プラットフォームにはその日のベストランキングがあります。終末もの、転生もの、憑依もの、育児ものなど多様です。まずはたくさん読んでみましょう。その中で自分の趣向に合うものを探すなり、トレンドを把握して流行に合わせるなりしましょう。

おすすめはロマンス部門です。

30〜40代の女性層がウェブ小説の読者層の2トップだからです。当然ですが、無料連載

は有料連載になる前までしか読めません。売れた作品は紙の本として出版され、図書館に置かれています。**単行本を借りて人気作品を読むのが最高の方法です。**

ー3ー まず書いてみる

「私にはまだ準備が足りない。もう少ししてから書こう」

いつまで準備するつもりですか？　**準備をしているうちに流行が変わります。**

基本の書き方やストーリー構成ができれば十分です。まずは書き始めましょう。

1話は5000字程度です。

ー4ー 無料連載を始める

無料連載をアップしましょう。熟考して目が惹かれるタイトルをつけます。

読者の反応を見ましょう。

ウェブ小説をうまく書く方法7つ

ここまでやってきましたが、読者は読んでくれるでしょうか？

いいえ、読みません。

それでも私が書いてくださいと言う理由は、やらないよりはましだからです。

「始めれば半分やったも同然」という言葉の通り、とにかく一度やってみればそのあと続けやすくなり、関心を持って、よりよい作品を作るようになるからです。

ウェブ小説作家の平均月給は１００万～２００万ウォン〈約10万～20万円〉です。楽しむためではなく、生活のために文章を書くのは相当のストレスでしょう。

作品を楽しみながら、自分の夢も育てつつ挑戦するのが望ましいです。

ウェブ小説のロマンス部門の作家には、ウェブ小説を読んで作家になったという高校生も多いです。

最後に、ウェブ小説をうまく書く方法７つを紹介します。

一1一 間接的な満足体験をさせる

疲れた1日のストレスを空想上の世界で解消します。

主人公に悩みが多いのはいけません。**読者のストレスを代わりに解消してあげるのです。**

ロマンス作品が人気な理由のひとつでもあります。

一2一 1話目にすべてをかける

読者は1話目を読んで、続けて読むかどうかを決めます。

読む作品はたくさんあるのです。

主人公や背景紹介、事件の発端、進行を、1話5000字に込めて、テンポよく進めなければなりません。すべての筆力をここに注ぐべきです。

一3一 かならずハッピーエンド

「間接的な満足体験」です。かならず主人公が幸せにならなければなりません。

主人公を苦しめることは、絶対にやってはいけません。

―4―文章は短く書く

大部分の人がスマートフォンで読むので、一文が長いと読みづらいです。短い文章と細かい段落分けで読みやすくしましょう。

―5―セリフで展開を早める

セリフを使うと展開が早くなります。説明よりもセリフで理解するようにするのです。正解した様子などをオノマトペで表現するのもひとつの方法です。

―6―カットで匠の技を発揮する

次の話へ誘導させる余韻を与えたり、重要なところで終わらせたりしましょう。

―7―さつまいも（もどかしさ）とサイダー（爽快さ）をうまくミックスする

主人公が危険に直面してもどかしい部分であるさつまいも区間、事件が解決してサイダーのように爽快な区間を調節しましょう。

さつまいもばかりが続いたり、サイダーばかりが続くと、読んでもらえません。

LEVEL 6

SOUBI>>MINNA NI YOMARE RU

みんなに読まれる あなたの文章

SOUBI>>MINNA NI YOMARE RU

01 電子書籍なら いきなり本が出せる

電子書籍は新たな可能性の始まり

ＰＤＦ電子書籍とは何でしょうか？

ＰＤＦ電子書籍とは、デジタルファイルで編集、制作された本のことをいいます。電子ファイルで移送や複写が自由にでき、電子機器でも見ることができます。**最大の特徴は、出版にかかる初期費用が発生しないことです。**

こうしたメリットを利用して、ＰＤＦ電子書籍に必要な情報を入れて販売すると、新たな市場が形成されていきます。

また、販売部数の確保がむずかしく、出版しづらい本の場合は、ＰＤＦ電子書籍のみで販売します。

紙の本と異なる、ＰＤＦ電子書籍だけの内容的な特徴は何でしょうか？

　これに関して詳しく説明する前に、まず本にはどのような内容を入れるべきかを説明しましょう。

本の構成は、Ｗｈｙ、Ｗｈａｔ、Ｈｏｗ Ｔｏでできています。Ｗｈｙ、Ｗｈａｔ、Ｈｏｗ Ｔｏを、最近、オンラインで話題になっている「ひとり講師」〈オンライン上でひとりで講義をする講師のこと。主にコロナ以降に増えたインターネットで活動するフリーランスの講師を指す〉で説明しましょう。

　まず序論で、第四次産業は変化している。ひとり講師の需要が増えるだろう。なぜひとり講師にならなければならないのかを説明します。

　これがＷｈｙです。

　次に本論で、ひとり講師になるには何をするべきか？　を説明します。

　たとえば「本を書いて専門性を高め、話す練習をしなければならない」。このように何をすべきかを教えるのがＷｈａｔです。

　そして、ひとり講師をする実際の方法としてＳＮＳを駆使してフォロワーを増やし、

YouTubeを始めて、チャットルームをつくり、無料講義をして、読書会を始める。
　これがＨｏｗ Ｔｏです。

　整理すると、ＷｈｙとＷｈａｔは「問題提起の理由」、Ｈｏｗ Ｔｏは「問題を解決する実際の解決法」です。

　消費者が求めているのは、問題提起のＷｈｙやＷｈａｔではなく、**解決策であるＨｏｗ Ｔｏです**。

　解決策のＨｏｗ Ｔｏが必要になり、大金をはたいて紙の本を買っても、**問題提起をするＷｈｙやＷｈａｔばかりで、解決策が物足りないケースが多々あります**。

　Ｈｏｗ Ｔｏだけを求める読者と、手軽に解決策Ｈｏｗ Ｔｏを売りたい生産者の需要と供給がマッチして、Ｈｏｗ Ｔｏだけで構成されたＰＤＦ電子書籍の市場が開かれました。

　おわかりいただけましたか？

　ＰＤＦ電子書籍のいちばんの特徴は、「Ｈｏｗ Ｔｏのみで構成されている」です。ほかの特徴も見ていきましょう。

―1― 書きやすい

消費者が求めるＨｏｗ Ｔｏを、要点整理するように書けばいいのです。見やすく編集することだけが要求されます。

消費者が求めているのは、物語ではなく、自分に必要な情報と解決策です。

―2― 在庫を抱えずにすむ

ファイルでだけ存在し、購入者にファイルのみを転送します。

特別な費用はかからないため、参入するハードルが低く、負担がありません。

―3― 情報の価値によって、高い価格も設定できる

本の価格帯は一般的に1万ウォン〈約1000円〉から3万ウォン〈約3000円〉のあいだです。

ＰＤＦ電子書籍は、購入する人が切実に求める情報の価値によって、価格を高く設定することも可能です。『ジャチョンの超思考作文』は29万ウォン〈約3万円〉もする上に、ダウンロードもできずプラットフォーム内でしか読めません。

電子書籍では、どのように、どんなことを書くべきか？

読者は解決策ＨｏｗＴｏを求めてＰＤＦ電子書籍を購入し、普通の本よりも強い核心的な情報を、タイムロスなくすばやく習得したがっています。これを念頭において、ＰＤＦ電子書籍を作成します。

紙の本と同様に目次を構成したら、本文を作成します。不必要な内容は削り、口語体で会話のように読めるようにし、くり返し強調する短い文章で作成します。

要領としては、目次をつくるときに、人々がいちばん知りたい内容を前に持ってきましょう。

このように作成したＰＤＦ電子書籍は、Amazon、楽天 kobo、Google Play、Apple Books にアップしましょう。

こうしてつくったＰＤＦ電子書籍は売れるでしょうか？

読者が求めるＨｏｗ Ｔｏが入っていなければいけません。では読者が求めるＨｏｗ Ｔｏとは何でしょうか？

全部で６つあります。『Ｎジョブするホ代理の月給独立スクール』〈未邦訳〉を参考にしました。

─１─ よりたくさん稼げる知識

・月給のほかに、収入１００万ウォン〈約10万円〉を創出する方法

・成功報酬型広告で、月給以外で50万ウォン〈約５万円〉稼ぐ方法

─２─ 業務をうまくこなす方法

・可読性を高める報告書の作成方法

・広告業界10年目が教えるパワーポイント作成法

─３─ 外見をアップデートさせる知識

・角ばった顔をやわらかくするセルフマッサージ

・きれいな下半身ラインのための30分ホームトレーニング

ー4ー たのしさを与える知識

・スマートフォンでうまく写真を撮る方法
・Instagram のフォロワーを1週間で1万人増やす方法

ー5ー 人生をよりよくする知識

・1週間で「年齢＝恋人いない歴」を脱出する方法
・知識の習得速度を3倍上げる速読法
・1週間で作家になれる作文法

ー6ー 時間を有効活用できる類型やテンプレート

・Instagram の広告セッティングマニュアル
・会計に必要な Excel 関数10個

もしかしたら自分には、売るものがないと思ったかもしれません。

例をあげましょう。あなたは江陵《カンヌン》に3日間旅行に行ってきました。

行く前にたくさん調べたり、計画を立てたりします。ところが旅行に行くと計画通りにいかず、調べたことと実際が違うと感じるものです。これを整理して「失敗しないで3日間江陵で遊ぶ」というPDF電子書籍をつくります。

単位銀行制〈学外で行われる多様な形態の学習を、卒業資格取得のための単位として認める制度〉で大学の卒業資格を取得したけれど、もっと早く簡単に取得できる方法を後から知りました。残念な気持ちになりました。

しかし、気づいた知識で「3カ月早く単位銀行制で大学卒業資格を取得する」というPDF電子書籍がつくれます。

考えてみれば、他人とは違う自分だけのコンテンツがあるものです。探してみてください。探してみると大概のものは見つかるはずです。もしなければご自身で実際にやってみてください。それもダメなら、無計画で江陵旅行をして本をつくりましょう。

02 本を書くことで専門性まで学べる

あなたが本を書くべき理由は3つ

サラリーマンとして働いている人、そして、人生を変えたいと思っている人ほど本を書くべきです。

作文の最終目標は本を書くことです。本を書くべき理由は3つあります。

ー1ー知識を整理する

自分が理解していると思っていたことでも、いざ言葉で説明するとまとまらないもので

す。自分はわかっているけれど、ほかの人は理解できません。**知識が体系化されていないからです**。

暗黙の知識を文章にすれば、知識が一目瞭然になります。自分の知識を整理することにもなります。

―2― 他人に自分の話をする

誰かに自分のことを話したい、でも、できない。

そういうときは、言いたいことを文章にしましょう。**話を吐き出すことで感情が安定します**。

言いたいことが多い人は、本を書くのがうまい人です。

―3― 専門家として認められ、新たな道を模索できる

私がもっとも重要だと考えている部分です。

本を出版しても印税は書籍価格の8～10％程度。多くはありません。直接的な経済効果は微々たるものです。

本が売れなければ、契約金のみでおしまいです。

これとは別に、非経済的効果として本を使えば、該当分野の専門家として認められます。**コンサルティングや講義もできるようになります。**苦労して本を1刷、1000冊を売るよりも、本を出版したことを利用して、講義を一度するほうが効果的です。

本を書くことが魅力的に見えてきませんか？

本は書ける

―1― 自分の知識で書く

『ヘリコプター操縦士と整備士なら必ず読んで覚えておくべきヘリコプターのエンジン原理』は、私の専門知識で書きました。25年間ヘリコプターのエンジニアとして勤務した知識を体系的に分類したのです。

参考にした本はありません。

国内でただひとつ、世界でもただひとつの本です。ヘリコプター整備系の購買層が少な

く、紙の本の出版は失敗しましたが、電子書籍は継続した収入源となっています。

ー2ー関連分野の本を30～100冊読んで書く

関連本を30冊以上読むだけでも専門家のような知識を得られます。

書きたい分野の関連本を戦略的に読めば、じゅうぶんに本を書けるでしょう。前に説明したキュレーションです。『リーディングでリードせよ』（未邦訳）のイ・ジソン作家などがそうです。

ー3ー書きたい分野の専門家50人にインタビューして書く

『タイタンの道具』（未邦訳）、『ORIGINALS 誰もが「人と違うこと」ができる時代』（アダム・グラント著、楠木建監訳、三笠書房、2016年）が代表的な例です。

いちばんいいのは、1と2の方法を組み合わせることです。自分の専門知識に加えて、戦略的な読書でさらなる専門性を備えると、本を書きやすくなります。初めて本を書く方におすすめの方法です。

—4— テーマは徹底して産業ものに絞る

テーマは作家が読者に伝えたい言葉です。

本を書くときは、読者にどのようなテーマを伝えるのか、明確にしなければなりません。新人作家が本を書いても出版できない理由は、テーマをうまく定められないところにあります。

では、どのようにしてテーマを決めればいいのでしょうか？　そう、テーマは徹底して産業ものにしなければなりません。

『金持ち父さん貧乏父さん：アメリカの金持ちが教えてくれるお金の哲学』（ロバート・キヨサキ著、白根美保子訳、筑摩書房、2013年）に出てくる話で説明しましょう。

著者のロバート・キヨサキは出張先でひとりの女性からこう尋ねられました。どうしたらベストセラー作家になれるのですか、と。

彼は産業的な要素を入れなさいとアドバイスしました。

すると女性は、自分は文学をする人間で、文章を売る商人ではないと言い、怒って行ってしまいました。

読者から選ばれず、読まれもしない文章は意味がありません。読者が必要としているテーマ、読者が好むテーマを選ぶべきです。

つまり売れるものをつくるのです。

たとえば読み聞かせに関する話を書くとします。ただ「読み聞かせ」と書くのではなく、「母と子がしあわせになる読み聞かせの方法」と書くのです。

『私は今日モーリシャスの海辺を走る：1日30分のランニングで人生が変わった奇跡のような話』（未邦訳）という本があります。著者アン・ジョンウン作家の人生をすっかり変えた本です。

この本は、単にランニング法のアドバイス本とも読めます。

著者は、ランニングによって、平凡で挫折した青春から成長できた記録をストーリーに込めました。「挫折に陥った若き青春よ、走れ」というテーマが、若者の感性にアプローチしたのです。

本はベストセラーとなり、著者はインフルエンサーになって精力的に活動しています。ただランニングというテーマだけで書いていたら、数部も売れない本になっていたことでしょう。

知識の枝を分け、目次を決める

テーマが決まりました。次は各章のタイトルをつくりましょう。章タイトルの中にさらに項目をつくって知識の枝を分けていきます。この項目が目次として並びます。普通、本の項目の個数は40個です。項目ひとつの分量はＡ４用紙２枚半です。

項目の数である40を掛けるとＡ４用紙１００枚になります。約２５０ページの本が完成します。

言うのは簡単ですが、具体的にどうすればいいでしょうか。

ふたつの方法をお教えします。

―1―読んだ本を参考にして分ける

戦略的読書を5～6冊程度行うと、同じパターンで内容が重複していることに気づきます。それが見えてきたら、自分のテーマに合わせて項目を再配列してみましょう。

―2― まずは項目を書いて分類する

思いついたままに項目を決め、一か所に書きます。項目はこの時点でテーマに沿って構成されなければなりません。項目を章タイトルに分類します。


どちらかの方法を使うのではなく、1の方法に少しずつ2を混ぜて使いましょう。

タイトルに合わせて書いていると、自分だけの項目ができていきます。これに合わせて項目をあちこち移動させれば、テーマに沿った目次が完成します。

タイトルと目次で、読者に問題が解決できそうだなと思わせる

読者は本を購入する前にタイトルと目次を見ます。

タイトルは当然心惹かれるものにしなければなりません。センチメンタルなものでも大丈夫です。

一方、目次は読者に「あなたが必要なものはここにあります」というメッセージを伝えなければなりません。

本を読む理由の大部分は、自分が必要な情報を得るためです。

「本の目次を組み立てる3つの方法」、「キュレーションするふたつの方法」のように、読者が解決したい問題はこの本の中にある、この目次の中にある、と知らせなければならないのです。

本を書くためにポストイットを使う

項目に書く内容はどう探せばいいのでしょうか。

戦略的読書をしながら、項目に入れたい内容があれば線を引き、どの項目に入れる内容なのかを考えながら、インデックスのポストイットを貼っていきます。

本を読み終えたら、インデックスポストイットを貼ったページをコピーします。

このコピーした用紙は、項目別に分けておきましょう。そして、このコピーした内容をどのように活用するかをメモしたポストイットも一緒に保管します。**後々、ストーリーの構造を決めるときに重宝します**。

ほかの本を読みながら、これをくり返します。

戦略的読書が終わると、各項目別にコピー用紙が集まります。コピー用紙の量を見て、項目に入れる内容が充分かどうかを確認します。

ひとつの項目にならないくらいに内容が少ないときは、その項目を削除し、近い項目にまとめます。

内容を魅力的にするには、やはり短い段落

執筆の前に、それぞれの項目のコピー用紙を取り出して読みます。

内容を整理しつつ、ストーリーの構造を決めていきます。一度に項目の内容すべてを書こうとする人もいますが、そうすると一貫したテーマで書くのが大変なだけでなく、読みづらくなります。

そこで、項目内で書きたいことを、段落ごとにタイトルをつけてさらに分けます。段落ごとにタイトルをつけると、筆者が書きやすいだけでなく、読者も少しずつ休めるので読みやすくなります。

項目を少なくとも3つの段落に分けましょう。それ以上でも大丈夫です。

段落のタイトルは、項目のタイトルのように読者の興味を引き、読む気にさせたり内容を強調したりするものにして、読者が読み続けられるようにしなければなりません。

本を完成させるのに大切なのは、継続と誠実さ

本を書く準備は資料の収集、本の完成度を高めるものはあなたの筆力です。

そして、本を完成させる力はあなたの誠実さと継続です。友人、週末、すべて諦めなければなりません。

週末はより一層精を出して書かなければなりません。

03 本を書き終えたら出版しよう

自分に合う出版スタイルを見つけることから始めよう

ついに本を書き終えました。

どうしましょう。どの出版社からも連絡がありません。あるいは断られてしまいました。

苦労して書いた原稿をそのまま眠らせるしかないのでしょうか？

幸い、私たちにはふたつの選択肢があります。

自費出版と電子書籍出版です。ひとつずつ説明します。

出版社から出版する紙の本は、企画出版と自費出版に区分されます。

企画出版は出版社が全負担する出版です。作家の印税は本の価格の8〜10%ほどです。

ここから私たちは何を知ることができるでしょうか？

出版できる本は、市場の要求に合ったコンセプトを備え、目次、内容、文章もいいと、長年本を出してきた出版社の編集者が認めた本です。十分に商品的価値があると判断した本です。

ところが、それでも出版社側が疑念を拭いきれない場合、作家が印刷代の半分を負担したり、本の一部を買い取る条件で契約が成立することがあります。これが半自費出版です。

自費出版で成功した本もある

自費出版とは、文字通り自腹で出版することです。出版社が出版してくれないので、作家がすべてを負担して出版します。

一1一人生で一度は本を出版するという自己満足

—2— 本を通じたブランディングで講義と連結させる

—3— 自分の本に可能性があると信じている作家

説明した通り、自費出版は出版社から市場性がないと判断された本なので、出版しても売れる可能性は低く、また、マーケティング活動を一から作家がしなければならないというむずかしさもあります。

しかし、成功した事例もあります。

『死にたいけどトッポッキは食べたい』（パク・セヒ著、山口ミル訳、光文社、2020年）**は、自費出版にもかかわらず成功した事例のひとつです。**

電子書籍での出版はおすすめ

ふたつめは電子書籍（e-book）です。

ファイル形式で、マルチメディア機器でのみ読める点がPDF電子書籍と似ていますが、紙の本同様の形式も有している点が違います。国際標準図書番号（ISBN：International Standard

Book Number）も付与されます。

電子書籍ファイルの形式はＰＤＦ、Flash、Epub（Electronic Publication）、App（Application）Book、の形態があります。多く使われているのがＰＤＦとEpubです。

Epubは、世界的に標準の様式で、インターネットサイトで見るのと同じように、読者が電子機器で読むことができるというメリットがあります。

ただし、Epub形式でつくるには専門知識が必要です。このむずかしさを解決するためにインターネット上に、Epub形式に変換してくれるものがあります。思ったよりも簡単です。試してみてください。

本を書いたらマーケティングする

企画出版をしようとして失敗した原稿は、自費出版でなく電子書籍として登録しておくことをおすすめします。『死にたいけどトッポッキは食べたい』のような事例が実際にありますから。自費出版では、あなたの文章力はもちろん、マーケティングも一生懸命しなければなりません。

04 ベストセラー作家になって、人生にドライブをかけよう

マーケティングは作家が担当。自分ひとりでもやるべき

本屋に入ると、ひとりの女性が近づいてきました。
「どんな本をお探しですか？」
そしてある本をすすめてくれました。この女性は本屋の社員でしょうか？
いいえ。作家でした。彼女は自分の本を宣伝、販売していたのです。
本が出版されたら作家の任務は終了でしょうか？
あとは出版社が売ってくれるでしょうか？

PDF電子書籍も、プラットフォームにアップすれば勝手に売れるでしょうか？

どんなにいい本を世に出しても、人々がその存在を知らなければ売れないということを知っておくべきです。

多くの作家が錯覚している部分です。**文章さえ書けば勝手に売れるだろうという考えは、ただの夢物語です。**

昔は本屋に行かなければ本を買えなかったので、店頭の宣伝がすべてでした。

今はインターネットの発達により、ブログ、Instagram、Facebook、YouTube、多様な媒体を通して本の宣伝ができます。

自分の本が発売されたら、出版社とともにＳＮＳやブログで、積極的に広報していかなければなりません。今すぐブログに自分の本のことを書き、Instagramに自分の本の写真をアップすることから始めましょう。

マーケティングの始まりは真のファン1000人をつくることから

『創作のブラックホールをとび回るクリエイターのための案内書』（未邦訳）に出てくる「アイアン・メイデン」というバンドのエピソードをお話しします。

１９８０年代に一世を風靡しましたが、忘れ去られたバンドでもあります。ほかのバンドがラジオやＭＴＶに広報を出し、新しいファンを取り込もうと努力している間、彼らはファンと直接的に親密な関係を築きながらファンダム「軍隊」の構築に注力しました。

「アイアン・メイデン」は一般大衆の人気はありませんでしたが、彼らだけの音楽の世界観をつくり上げました。その世界観が好きな真のファンは「アイアン・メイデン」を裏切りませんでした。

このようにして「アイアン・メイデン」はラジオやテレビなどのメディア露出をせずとも、８５００万枚ものアルバムを売り上げました。

少しずつ「軍隊」は増えていきました。２００２年には「Ivor Novello」賞を、２０１１年にはEl Doradoで「２０１１年グラミーベストメタルパフォーマンスアワード」を受賞しました。２０１３年10月に、バンドは2千余回のライブステージに立つ記録を樹立しました。

「軍隊」というと、韓国の歌手ＢＴＳの世界的ファンダム「ＡＲＭＹ」が思い浮かびま

せんか？

ファンダムを形成し、ファンとのコミュニケーションで親密さを維持し、自分たちだけの音楽の世界観をつくる点が「アイアンメイド」と似ていますよね？

このような現象を見て、雑誌〈WIRED〉の創立者ケビン・ケリーが「1000人の真のファン」という理論を提示しました。**芸術作品をつくる人々は、生計を維持するために1000人の真のファンを確保すればいい、というものです。**

1000人があなたの作品を持続的に購入してくれれば、あなたはいい作品を、一貫性を持ってつくれます。セス・ゴーディンは『THIS IS MARKETING 市場を動かす』（中野眞由美訳、あさ出版、2020年）で、これを「最小有効市場の法則」と説明しています。

おわかりいただけましたか？ **真のファン1000人からが始まりです。**

文章で人生を変えることを望むなら、SNSで真のファンをつくろう

このような法則から、出版社ではインフルエンサー、ユーチューバーの著作活動を歓迎し、出版する傾向にあります。**すでに確保しているチャンネル登録者やフォロワーによっ**

て、基本的な販売部数が保証されているからです。

万が一、ユーチューバーのチャンネル登録者数である10万人のうち、10分の1の1万人しか購入しなかったとしても、1万冊は売れるのです。100分の1である1000人だけでも、出版社は2刷を販売し、投資額を回収することができます。

最近の事例では、ジャチョンの『逆行者 お金 時間 運命から解放される、人生戦略』、『ジャチョンの超思考作文』が挙げられます。

もしもジャチョンが人気ユーチューバーでなかったら、『逆行者』と29万ウォン〈約3万円〉もする電子書籍『ジャチョンの超思考作文』がベストセラーになったでしょうか？

内容がよくないというわけではありません。いい本だからこそ、すばらしいマーケティングとの相乗効果を生んだのでしょう。**人生を変えることを切実に望むのであれば、文章を書くことと同時にSNSでファンをつくらなければなりません。**

SNSでファンが増えれば、前述した効果とともに、マーケティングの費用もかかりません。Facebook や Instagram に広告を載せるにはお金を支払わなければなりませんが、お金をかけずに自分で投稿をアップするだけでも広告効果はあります。

こうした理由から、作家はSNSのファンをつくるために努力するのです。ベストセラー

作家になる方法は意外と簡単です。この7つだけをきちんと守ればいいのです。

- **1 消費者が求めるコンセプト**
- **2 惹かれるタイトル**
- **3 目を引く表紙**
- **4 読者が求める情報を見せる、こざっぱりとした目次**
- **5 作家の文章力**
- **6 充実した内容**
- **7 マーケティング**

これらが合わさるとベストセラーになります。

1から4までの項目によいマーケティングが合わされば、本の内容がいまいちでもベストセラーになります。**ベストセラーを読んで、この本あんまりなのに、となるケースです。**

それはマーケティングの産物ということです。しかし、そのような本は長くは売れません。

結局は、充実した内容と作家の文章力が伴わなければダメなのです。

SOUBI>>YUME WO KANAERU

LEVEL 7

SOUBI>>YUME WO KANAERU

チャットGPTを使いこなせれば、夢が叶う

01 チャットGPTは使いこなしたものの勝ち

チャットGPTを使えば、これまで書けなかったものが書ける

大変なことになりました。２００７年にスティーブ・ジョブズが起こしたiPhoneの革新よりも大ごとだと言う人もいるほどです。

何のことでしょうか？

それは、サービス開始４日で１００万人が、40日で１０００万人が加入したチャットＧＰＴです。

チャットＧＰＴとは何なのか、どうしてここまで大変なことになったのでしょうか？

GPTとはGenerative Pre-trained Transformer の略で、単語をひとつずつ見ていくと、「生産的事前学習変換機」となります。OpenAI社で開発された、言語モデルの人工知能です。

なぜこんなにも関心を集めているのでしょうか？

それは、チャットGPTが情報を吸収し処理する私たちの思考体系を変える発端となった、産業の流れまでをも変えようとしているからです。

産業の流れを変えるだけならまだしも、思考体系を変えるとは、どういうことでしょうか？

これを説明する前に、チャットGPTがどのようなサービスなのか、既存の情報を検索する方法と比較して説明しましょう。

これまでは知りたいことがあると、ウェブサイトの検索バーに、求める情報にもっとも近いキーワードを入れて検索しました。そして、ページ内で知りたい内容と合致する情報を取捨選択し、いくつものページを読んでから情報を組み合わせて、新しいコンテンツや情報をつくり上げました。

一方、チャットＧＰＴはとても簡単です。**「チャット」という言葉の意味通り、話すようにして知りたい内容を検索バーに入れればいいのです**。するとすぐに探していた情報が要約されて出てきます。

チャットＧＰＴは、あなたが情報を収集、整理し、その後に文章をまとめる過程が省略されています。

思考の領域に変化をもたらす、思考の革新です。

社会と産業界の変化

チャットＧＰＴは、ユヴァル・ノア・ハラリの代表作『サピエンス全史』10周年の序文を代わりに書き、論文の抜き書きをした50篇は盗作検査プログラムをすべてパスしました。

ニューヨーク市は「不正行為、批判的思考能力の発達低下」が憂慮されるとして、教育局の設備や公立学校のインターネットのネットワークから、チャットＧＰＴプログラムにアクセスできないようにしました。

このように、チャットＧＰＴは社会に影響を与えています。

では、チャットＧＰＴがもたらす変化について説明しましょう。

いくつかありますが、本書のテーマは文章なので、文章に関連することを優先します。

—１—チャットＧＰＴが代わりに作文を書いてくれる

アメリカでは作文の宿題が多いです。しかし、チャットＧＰＴに簡単にアクセスし、宿題の内容を入力すれば、１、２分のうちに宿題は終わります。

とても簡単にアクセスできてしまうのです。学生たちは不正行為という誘惑に陥ってしまいます。宿題はすべて、学校で解き、記入し、提出するものに変わるでしょう。

専門教育を行っている、韓国の一部のマイスター高校では、すでにチャットＧＰＴを使えないように、入試の面接日の午前中には、隔離された部屋に子どもたちを集めて自己紹介書を書かせています。

チャットＧＰＴの登場で、文章がより実践的なものになり、一層文章を学ぶ必要性が高まっています。

2 美術と映像業界では、プログラミング熟練者の賃金が低下する

デジタル界では人工知能が絵を描き、映像も編集して、プログラミングもしてくれるようになります。マーケティング用のコピー文章の作成も、市場調査もチャットGPTがします。

もっとも大きな打撃を受けるのは**プログラミング**専門家です。

プログラミングが簡単になり、プログラミング業界に参入するハードルが下がりました。チャットGPTが、たちまち専門家のように、単純だけれども正確なコーディングをしてくれます。それも1、2分で。人間がしたら、1日中かかる仕事です。

つまり、生産性が上がります。

こうなると、どのようなことが起こるでしょうか？

まず関連事業の人材の求人が減ります。そして、求められる熟練度が低下するほど、多くの新しい人材が参入してきます。

その結果、産業界に生き残れても賃金は低下します。**人とは違う、ずば抜けて高い実力や独特な個性を見つけなければ生き残れないでしょう。**

3 ウェブブラウザの広告市場の変化

説明したように、以前は検索キーワードを入力して関連ページに入り、情報を集めてまとめていました。

チャットGPTはこのような過程をとばして、すぐに答えを見せてくれるので、広告の露出ができなくなります。

ウェブブラウザ会社の主な収入は広告ですが、ユーザーがページにアクセスしないため広告が露出できず、主要収益が減少しています。利用者がページを訪問しないことは、経営において大きな脅威となります。グーグルが「コードレッド」を発令した理由です。

チャットGPTの人工知能を先取りしたマイクロソフト社は、このふたつの特徴を生かして適用しました。

マイクロソフト社のウェブブラウザ、Microsoft Bing の検索バーの右側にチャットGPTの回答が一緒に表示されます。

検索市場を、チャットGPTを活用することで掌握し、広告市場を維持する策を講じました。**しかし、ウェブブラウザを利用した広告効果は、チャットGPTの出現前より確実に減少しています。**

—4—ブログが読まれるようになる

チャットGPTが現れると、ブログの投稿数が突然増えました。

どうしてでしょうか?

ブログの訪問人数を増やすため、検索時に上位に出てくるようにするために、チャットGPTの文章をそのままコピー／ペーストしてブログを作成するようになったからです。

これまでブログ産業の市場はかなり大きいものでした。ブログにユーザーを訪問させ、広告が出るようにし、アドセンスやアドポストで収益を創出して、流入量を伸ばすためのキーワードを選定しなさいと指導するブロガー向けの講義も多くありました。

しかし、チャットGPTの出現により、検索時に出てくるページを訪問しなくなれば、収益の減少は目に見えて明らかです。

また、単純にチャットGPTがつくった文章をコピー／ペーストして作成されたブログの文章は検索されなくなるでしょう。

魂のないチャットGPTでつくった文章が多くなると、ブログをサービスする会社としては、サービスの品質が低下してしまいます。そのため、国や企業によっては、人工知能が書いた文章を検索する人工知能をつくる作業に着手し始めているのです。

ブログは、情報を提供しつつブロガー自身を知らしめる手段として、今まで以上に確固たる地位を築くでしょう。

魂のこもった文章がより必要とされるのです。

チャットGPTが教えてくれる文章に自分のストーリーを加えて、別の創作をするべきです。これからは、短い文章でもさらに自身の情熱をこめてつくらなければなりません。

そうした文章がより検索上位に上がってくるでしょう。

世界中の人々は、チャットGPTの製作者が考えもしなかったところにチャットGPTを適用しているようです。

この効果はバタフライエフェクトでいわれる小さな羽ばたきの波長として、私たちにどのような強い影響を及ぼすのでしょうか。

ただ、ひとつだけ確かなことは、意外にも文章の必要性がより高まっているということです。

02 ウェブ小説の書き方——SNSのマーケティングまで、すべてにチャットGPTを使う

ウェブ小説の創作は、企画、ストーリーの作成と連載、マーケティングまで、チャットGPTとともにする

人工知能時代に生き残り、富を築く方法は、皮肉にも、人工知能自体を創造の補助道具として使うことです。チャットGPTを道具として利用し、ウェブ小説を書いてみましょう。

参考までに、チャットGPTの基本言語は英語です。英語で質問するのがもっとも正確で、早く答えが返ってきます。英語以外で質問すると

エラーでとまってしまうことがままあります。

英作文がむずかしければ、英語に翻訳したものをコピー／ペーストするのをおすすめします。

ウェブ小説の創作と連載、マーケティングまでを実際にやってみよう

1　企画：チャットGPTとの対話でインスピレーションを得よう

まず、流行のジャンルを把握しましょう。

ウェブ小説も商品です。芸術作品ではありません。

自分が書きたい文章ではなく、読者が求める文章を書きましょう。資本主義でもっとも重要な概念です。**かならず流行の流れを把握し、自分が書きたい文章と絶妙にミックスさせなければなりません**。

方法はチャットGPTに尋ねるのです。すぐに調べてくれます。

若干過去の資料にはなりますすが、参考にするにはよいでしょう。

質問：
韓国のウェブ小説、人気ランキング1位から10位までを教えて。簡略な説明もお願い。

チャットGPTの答え：
はい、次は順序なく羅列した10冊の韓国ウェブ小説と簡略した説明です。
ハン・ビの『MEMORIZE』、人が「技術」と呼ばれる独特な能力をもつ世界で、主人公は「技術」なしで生まれてくる。主人公は生き残るためにギルドに加入し、世界の危険な秘密を発見する。

ロ・ユジンの『貪食の再臨』、主人公は仮想世界に転生し、人々の欲望を連結する見えない糸「テドリン」が見える能力を得る。主人公は自分の欲望を満たすと、新たな世界の真実を明らかにする旅に出る。

などと10位まで教えてくれます。ロ・ユジンの『MEMORIZE』の作家名が間違って出てきたところに、チャットGPTの限界が少し見えました。

このように使えば、今のウェブ小説の流行を把握することができます。ロマンスや現代ものよりも、転生ものやゲームファンタジー、ハンターものが人気のようです。

では、ここで私はハンターものの『俺だけレベルアップな件』(Dubu (Reduce studio) 作画、Chugong 原作、Piccomics) のようなストーリーを書いてみることにします。このようなあらすじを考えたことがないので、あらすじをつくってくれるようにチャットGPTに頼んでみます。

質問：
『俺だけレベルアップな件』のようなウェブ小説のあらすじをひとつつくって。

チャットGPTの答え：
はい、『俺だけレベルアップな件』と類似したウェブ小説のあらすじは、次の通りです。
悪魔の世界に入ってしまうゲートが開かれた世界。ここには人類を守るハンターはほとんどいない。その中のキム・ジュンという弱いハンターが物語の主人公だ。

キム・ジュンはある日、いつも通り悪魔狩りをしていて大けがをする。死ぬはずだったジュンは、助かった代わりにビデオゲームのようにレベルアップする能力を手に入れる。その日からジュンの人生はまったく変わってしまう。自分ができると思っていた以上の力と技を身につけ、あっという間に世界でもっとも強いハンターのひとりになる。

チャットGPTが答えてくれたあらすじを利用して作品をつくろうとしましたが、あまりにもそっくりで、独創性に欠けます。

「ほかのものも見せて」と入力して、気に入る作品を探さなければなりません。

今回は前もって設定を考えたものであらすじをつくってほしいと頼むことにします。

質問：

私が企画した物語は次の通りだ。ソウルに暮らす高校生が、突然他の世界のソウルに行く。『俺だけレベルアップな件』のような雰囲気で書いてほしい。

チャットGPTの答え：

はい、『俺だけレベルアップな件』と似た雰囲気のウェブ小説のあらすじは、次の通りです。

ある日、ソウルの高校生は、突然モンスターと危険でいっぱいの神秘的で魔法のような世界にワープしてしまう。すぐに、自分のように異世界に移ってきた人たちが他にもいることに気づく。

学生たちは、最初は怖がって戸惑っていたが、自分たちが新しい世界で生き残るためにそれぞれ個性的な能力を持ったことに気づく。

主人公のイ・ミンジュンは、小心者で控えめな学生だが、自分にビデオゲームのようにレベルアップする能力があることに気づく。レベルが上がるにつれて、仲間の学生を守るのに役立つ新たな技と力を得ていく。

学生たちは、この強力なモンスターと暗黒の魔法で満たされている世界を冒険しながら、目標や考えの違うグループに出会っていく。敵対的な人たちは学生たちを殺そうとするが、援助や支援をしてくれるグループもある。

高い緊張感と熾烈な戦闘、複雑なあらすじを持つこのウェブ小説は、『俺だけレベルアップな件』と同じような、刺激的な雰囲気がある。さらに、高校生の主人公と独特などんで

ん返しがある。

いかがでしょうか？

どんでん返しもあるとは、かなり満足できます。自分が書きたい内容に、人気のある『俺だけレベルアップな件』の世界観や展開をミックスさせています。

大満足です。背景や事件設定は、ある程度できあがりました。

次は人物設定です。

人物設定とは、人物の性格、外見、対立関係、名前などです。**まるで生きているかのように人物たちが描写されると、対立関係から話が自然とつくられていきます。**

読者は、主人公や登場人物に没入します。

しかし、小説を書き始める前に作家がもっとも悩む部分です。

チャットGPTに尋ねてみましょう。一度に全部質問せずに、ひとつずつ聞きます。質問が個別的でないと、きちんとした答えが出ません。

質問：

つくってくれたストーリーが気に入ったので、登場人物の性格や外見、年齢、育った環境を詳しく説明して。

チャットGPTの答え：

はい、次は、主人公やほかの主要な登場人物の詳しい説明です。

イ・ミンジュン／主人公

性格：小心者で控えめ、話の序盤では自信がないが、だんだんといろいろな経験をすることで力を持ち、自信をもてるようになる。

外見：やせていて平均的な身長、整えられていない黒髪で眼鏡をかけている。一般的に戦闘のために制服や実用的な服を着ている。

年齢：17歳

育った環境：イ・ミンジュンはソウルの中産階級の家庭で育った。いい子だが自信がなく、周囲にあまりなじめないため、同級生に気づかれないことも。

パク・ジヒョン／ミンジュンのいちばんの親友

性格：外向的で楽天的。友情に厚い。ときどきグループをリラックスさせる、ユーモアのある役割。

外見：短い黒髪で、親しみやすい笑顔。運動神経がよく、筋肉質。普段はカジュアルでスポーティーなスタイル。

年齢：17歳

育った環境：パク・ジヒョンはソウルの荒れた町で育ったが、ポジティブな態度とスポーツへの愛情で、逆境をはねのけた。

など、チャットGPTはほかにも何人かキャラクターを教えてくれるでしょう。

チャットGPTはこのように韓国の高校生の名前を韓国式につけ、登場人物の性格を詳細に描写しました。**数日間悩んでいたことを、数秒のうちに解決してくれます**。

戦慄が走りませんか？

私は鳥肌が立ちました。

ウェブ小説に精通した友人が、となりで教えてくれる感覚です。

続けます。このストーリーは対立関係がとてもはっきりしています。

新世界に連れていかれた高校生と、彼らを狙うモンスターの間の対立のみが存在するのです。

なんだかすっきりとしすぎています。そう感じたら、チャットGPTに、高校生どうしの対立もつくってほしいと入力しましょう。

ここでなぜ私は、意思と意思のぶつかり合いである対立を、登場人物たちのあいだにつくり出そうとしているのでしょうか？

ふたつの理由があります。

ー1ー 読者は、対立が発生し、解決される過程を好む

読者は、自分が葛藤を経験することは望みませんが、他人が葛藤するのはドラマのように楽しみます。

また、対立の関係がはっきりと見えるほど、ストーリーの組み立ても簡単です。

ストーリーは対立関係から始まります。なぜどんでん返しが好まれるかというと、対立

が起きそうにない間柄に対立関係を生じさせるからです。

　ありきたりでない、新しい対立です。

―2― 読者がもっとも好きな「成長」というコードを、ストーリーに盛り込めるため

ストーリーでの主な対立は、元の世界に戻る彼らと、彼らを邪魔する勢力との対立です。この対立は外的葛藤による苦難や逆境です。

　これらに打ち勝つ主人公は、外的（身体、能力）成長を遂げます。仲間との対立もひとつの苦難です。

　元の世界であるソウルに戻ろうとするならば、ともに力を合わせなければなりません。ところが、性格や意見の違いから対立してしまいます。

　ストーリーの後半にいくほど、互いを理解し、力を合わせるようになります。**互いを理解する心の成長は、彼らの内的（精神の）成長です。**彼らは外的成長と内的成長を経るのです。一部の小説、童話の手引き書では、主人公の成長が必要不可欠だと強調しています。

　ピクサーのストーリーアーティスト、マシュー・ルーンが書いた『ピクサー　ストーリー

テリング』（未邦訳）という、顧客の心をつかむ9つのストーリー法則について語っている本があります。

法則は「フック、変化、共感、真心、構造、ヒーロー、助言、革新、インスピレーション」です。ここでの「変化」とは成長のことです。

ピクサーのアニメーション『トイ・ストーリー』ではウッディとバズ・ライトイヤーの成長、『ファイディング・ニモ』ではニモの父とニモの成長、『カールじいさんの空飛ぶ家』ではラッセルとカールじいさんの成長が描かれています。

彼らの成長を見ると、心があたたかくなりませんか？

ピクサーのアニメーションが人気である理由は、主人公の内的成長に観客が共感できるからです。

チャットGPTに、登場人物のあいだに対立関係をつくるように頼んでみましょう。

質問：
登場人物たちの説明が気に入った。ストーリー序盤に、登場人物たちのあいだで対

立があったらおもしろそうだ。ストーリー序盤で登場人物間の対立をつくって説明して。

チャットGPTの答え：

はい、次は、ストーリーの冒頭部分で発生する、登場人物間の対立についての説明です。

高校生たちが魔法世界に初めて移動したとき、みなどうしていいかわからず怯えていた。しかし彼らは、ひとりではないことにすぐ気づき、チームをつくることにする。この中には、イ・ミンジュン、パク・ジヒョンなど数人がいる。

彼らには共通点がほとんどなかった。それぞれ違う環境から来て、異なる性格や技、目標や動機をもっていた。この世界で生き残るために足掻く中で、対立や緊張感が広がっていく。たとえば、イ・ミンジュンは最初、チームに合流することを躊躇《ちゅうちょ》する。他の人が弱くて意味がないと思ったからだ。パク・ジヒョンはミンジュンを合流させようとするが、まじめで実用的なことを優先する他の登場人物にたびたび拒否される。

この問題は、モンスターの群れと初めて対峙したときに最高潮に達する。彼らは言い合

いや意見の不一致で危機に陥る。しかし、彼らは互いの相違点を理解してひとつのチームとなり、ようやくモンスターをやっつけて生きのびた。

こうして、主要登場人物間の対立関係もつくりました。

異世界ものとゲームファンタジー、ハンターものでは、登場人物たちの固有の技が重要になります。これも作家が深刻に悩む問題です。

それぞれの登場人物に技をつくってほしいと頼みます。技は徐々に成長するようにつくってほしいと頼まなければ、ストーリーがおもしろくなりません。

質問：

登場人物にそれぞれ固有の武器と技をつくって。せっかくなら熟練度が高くなるにつれて、徐々に強くなる技と武器で。

チャットGPTの答え：

はい、次は、経験や技を習得していくにつれて強くなる、各キャラクターの武器と技です。

イ・ミンジュン／序盤、熟練しておらず、生き残るために知恵とスピードに頼らざるをえない。武器は単純なパチンコ銃で、敵の注意をそらすために使う。経験を積むと、一度にいくつもの石を撃てる特殊技を開発する。弾幕をつくれるようになり、大きな敵を倒すことができる。

パク・ジヒョン／生まれながらにしてリーダーで戦士。武器はロングソード。

最初は基本的な剣術だけだが、経験を積むと相手の攻撃を受け流したり、技のコピーなど、高難度の技を使う。特殊技は「竜巻」で、剣をぶんぶん振り回して大ダメージを与えるエネルギーの渦をつくり出し、敵を倒す。

登場人物が熟練し、より多くの経験を積むほど、彼らの武器や技は進化し、さらに強くなります。新しい挑戦や敵に遭遇することで、新しい技や武器を得ます。このような技と武器は、彼らがどんな障害物でも克服できるようにしてくれます。

さて、このように登場人物の描写が終わりました。

しかし、何かが足りません。悪者です。**強力なモンスターや敵が登場しなくてはおもし**

ろくありません。

主人公たちを脅威に陥れる悪者たちをつくりましょう。

質問：

登場人物を脅威に陥らせる強力なモンスター、敵をつくって。

チャットGPTの答え：

はい、登場人物を脅威に陥れる強力なモンスターと敵がいます。

主人公たちは、ついにシャドウ・ドラゴンといわれる強大なモンスターに遭遇する。シャドウ・ドラゴンは数世紀のあいだ、この地を恐怖に陥れてきた伝説的なモンスターで、多くの冒険家が倒そうとして失敗してきた。

シャドウ・ドラゴンは巨大で、光を吸収して暗闇の中でほとんど見えなくなるジェットブラックニードルをもつ。鋼鉄を溶かし、肉体を灰にできる黒い光をつくり出す。

シャドウ・ドラゴンは賢く狡猾だ。また、情報収集し、敵が仲間内で不和を起こさせる手下や取り巻きのネットワークももつ。さらに、弱い生きものの心をコントロールしてしもべにするという噂も。

困難でつらい道のりだが、彼らはシャドウ・ドラゴンと正面から戦って勝利を収めるだろう。

主人公たちを脅威に陥れる強力な敵もつくりました。

このように多様な質問をして、敵の外見、性格、育った環境を設定し、敵と主人公たちのあいだの関係をつくることもできます。ここに、私がした質問だけを記します。

- **シャドウ・ドラゴン（モンスター、敵）の外見と性格、年齢、育った環境を詳しく説明して。**
- **シャドウ・ドラゴンの部下たちもつくって、彼らの外見と性格を説明して。**
- **彼らの主な武器をつくって。**
- **重要な役割はないけど、主人公たちを危険にさらすモンスターをつくって。**

敵も詳細に設定しましょう。ストーリーにより厚みが出ます。

ここで終わらせてしまいがちですが、敵と主人公たちのあいだでライバル関係をつくると、さらに興味を引きませんか？

シャドウ・ドラゴンの手下をつくってほしいと頼んで、ルナ、オリバーなどがつくられました。ここは省略します。

質問：

物語の登場人物の間で、ライバル関係をつくって。

チャットGPTの答え：

イ・ミンジュンとルナ／友人たちを守るために闘志に燃えるミンジュンは、シャドウ・ドラゴンのためにモンスターを生み出すことに葛藤を抱くルナと衝突する。ミンジュンはシャドウ・ドラゴンに対するルナの忠誠心に疑問を提起し、モンスターをつくる役割をやめるように説得する。

パク・ジヒョンとオリバー／すぐれた技をもつジヒョンは、ロングボウと遠距離攻撃を使うオリバーと衝突する。ジヒョンはオリバーが接近戦をしないことを卑怯で脆弱だと思い、オリバーはジヒョンが無謀で衝動的だと判断する。

　争いが激化するにつれ、このように、互いに違う方向へ引っ張られていく。主人公たちは、試練を乗り越えていかなければならず、力を合わせる方法を探すことになるだろう。

またもやさまざまなアイディアを得ました。

こうやって、企画段階から、はやっているジャンルの把握、背景設定、人物設定、事件設定、関係設定までつくってきました。**次の段階でシノプシスを作成します。**

シノプシスの説明の前に、人物の名前についてのエピソードをお話しします。

人物の名前は時代やキャラクターの性格をも反映するため、小説の雰囲気を左右します。**名前をうまくつけるだけで雰囲気が出るでしょう。**

中世を舞台にしたファンタジー小説を書いたときのことです。英国式やドイツ式の名前がふさわしかったのですが、どうやってもつけられず、結局、懸賞金のかかった手配犯の

名前を使いました。

チャットGPTに、登場人物の名前を中世のファンタジー小説に登場する名前風に変えてほしいと頼んでみたらどうなるでしょうか。古い時代が舞台であれば、その時代に合う名前に変えてほしいと頼むのも方法です。

質問：
登場人物の名前を中世ファンタジー小説に出てくる名前に変えて。

チャットGPTの答え：
はい、次は、物語の中の登場人物について可能な、中世ファンタジーの名前です。
イ・ミンジュン－エリック・ドゥローガン
パク・ジヒョン－リラ・シルバーウッド

このような名前のキャラクターであれば、まるで中世ファンタジーの世界観が感じられ

ます。彼らの戦いや対立が、より神話のような、伝説のような雰囲気になります。

シノプシスをつくる

続けて、シノプシスを説明します。

シノプシスとは、原稿を紹介する企画書です。Ａ４用紙１、２枚の分量で、自分の作品がどんなストーリーなのかを知らせるものです。

作家はシノプシスに沿って物語を構成し整理します。シノプシスの作成だけに数日かかります。

シノプシスに書くべき内容は次の通りです。

1 分野

2 タイトル

- —3—**ログライン**
- —4—**登場人物紹介**
- —5—**簡単なあらすじ**
- —6—**目次**
- —7—**作家紹介**

などです。

ここに、「ログライン」という見たことのない単語が出てきます。それもタイトルの次にです。「ログライン」とは何でしょうか?

「ログライン（Log line）」は、もともとシナリオ用語で「作品内容を一行に要約」したものをいいます。

エンターテイメント産業ではエレベーターピッチ（Elevator Pitch）ともいいます。エレベーターで大物監督とふたりきりになったとき、監督が降りるまでの間に自分のアイディアを紹介する状況からこう呼ばれています。

自分で自分のストーリーを簡略に整理できてなかったら、他人を理解させることができ

るでしょうか？

ここからはタイトルとログラインを作成してみましょう。

質問：

今までのストーリーを参考にして、タイトルを10個、『俺だけレベルアップな件』のような雰囲気で作成して。

チャットGPTの答え：

はい、次は、『俺だけレベルアップな件』と類似した雰囲気のあらすじとキャラクターを基にした可能なタイトルです。

―シャドウの復讐：異世界に閉じ込められた高校生

―シャドウ・ドラゴンのしもべ：温和な表情、致命的な意図

―魂の武器：内なる力を発揮しろ

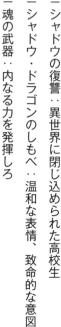

など、10個提案された中から、タイトルは「シャドウの復讐：異世界に閉じ込められた高校生」にします。

では、ログラインを作成しましょう。

質問：
今までのストーリーでシノプシスを書こうと思う。シノプシスに入れるログラインを作成して。

チャットGPTの答え：
はい、今までのストーリーを紹介するのに使えるログラインは次の通りです。

「ソウルからとあるグループの高校生たちが突然異世界にワープする。彼らはモンスターに勝ち、魔法世界から生きて戻るために、ともに戦わなければならないことを知る。家に戻る方法を探すために奮闘する。強力な敵であるシャドウ・ドラゴンとその手下に対抗して戦う」

次は登場人物について、簡略に書いてほしいと頼みましょう。

> **質問：**
> 今までのストーリーでシノプシスを書こうと思う、登場人物を簡略に紹介して。
>
> **チャットGPTの答え：**
> はい、次は主人公たちについての紹介です。
> イ・ミンジュン／戦略や計画に長け、勉強もできる内向的な高校生。最初は異世界に圧倒されるが、貴重なメンバーとしての自分の価値にすぐに気づく。
> パク・ジヒョン／頭の回転が早く、ウィットに富んだ発言で有名な人気の高校生。最初は自分の新しい環境に懐疑的だが、異世界での挑戦にすばやく適応する。

これでシノプシスに書くことが、目次と作家紹介以外決まりました。

連載しよう！
チャットGPTで、自分に合うプラットフォームを探そう

連載を始める前に、5話まで書いておくことをおすすめします。連載するときの負担が減るからです。

どのプラットフォームに連載すればいいか、チャットGPTに聞いてみましょう。

質問：
今までのストーリーでウェブ小説の1話を作成した。日本ではどのプラットフォームに投稿したらいい？（日本という地名なしで尋ねたら、海外のプラットフォームを教えてくれました。限定して尋ねたいときは、国名の入力を忘れずに）

こうして出てきた各プラットフォームのガイドラインと利用者規範を調べれば、自分のストーリーにもっとも適合するプラットフォームを見つけられるでしょう。

幸運を祈ります。

カバーデザインも人工知能でつくってみよう

次は連載するときに必要な「表紙」をつくります。強烈な表紙は読者の視線を惹きます。表紙のデザインは、絵を描いてくれる人工知能ＤＡＬＬＥ—２を利用します。

参考に、ＤＡＬＬＥ—２を知らない方のために少し説明します。ＤＡＬＬＥ—２は、英語でテキストを入力するか、イメージファイルを挿入すると、勝手に絵を生成してくれる人工知能です。チャットＧＰＴと同じＯｐｅｎＡＩで開発されました。

グーグルの検索バーで「ＤＡＬＬＥ—２　ＯｐｅｎＡＩ」と検索しましょう。そして、チャットＧＰＴのように加入して使用します。

まずはチャットＧＰＴに、ＤＡＬＬＥ—２に表紙を描いてほしいと頼む文章を、どのように書いたらいいのかを尋ねてみました。

質問：

今までのストーリーを参考にして表紙をつくろうと思う。DALLE―2にどのようなコンセプトで、どうやって頼んだらいい？

チャットGPTの答え：

はい、DALLE―2に今までのストーリーを基にした表紙のコンセプトを要請するなら、表紙のデザインに加えてほしいキーワードと要素を入力すればいいです。

次は使用できるいくつかのキーワードと要素です。

- **高校生**
- **異世界**
- **モンスター**
- **武器と魔法**

表紙で伝えたい雰囲気を指定します。たとえば、表紙を『俺だけレベルアップな件』の

ように暗く強力な雰囲気にしたければ、それも加えることができます。

このような入力を基に、ＤＡＬＬＥ—２はいくつかの表紙の概念を生成します。各コンセプトについてフィードバックを与え、最終デザインに満足できるまで、修正の要請をします。

ここで、ＤＡＬＬＥ—２に入力するための完璧な文章をつくってみましょう。もう一度たずねてみます。

質問：

前の答えを参考に、ＤＡＬＬＥ—２に入力する文章をつくって

チャットＧＰＴの答え：

はい、次は今までのストーリーを元にＤＡＬＬＥ—２に入力し、表紙のコンセプトを生成できる文章例です。

「異世界の高校生たちは、彼らの武器と魔法を使ってシャドウ・ドラゴンや同じように強力なモンスターや敵と戦う。表紙は『俺だけレベルアップな件』と類似した、暗く強力な雰囲気が伝わるもの」

このままDALLE―2に入力しましょう。もちろん英語で。

マーケティングをしてみよう

SNSに載せるマーケティング用の文章も、チャットGPTを使って作成しましょう。

質問：
今までのストーリーをマーケティングする。タイトルは『シャドウの復讐：異世界に閉じ込められた高校生』。SNSマーケティング用の文章をつくって。Instagramに上げる予定。

チャットGPTの答え：

はい、次はSNSマーケティング用の文章です。

『シャドウの復讐：異世界に閉じ込められた高校生』

「ソウルから来た高校生たちは、彼らが異世界に閉じ込められたことを知る。そこから脱出する方法は、戦うしかない。逆境をはねのけて故郷に戻れるのか？『シャドウの復讐』を読んで、あなたの目で確認してください！」

#ウェブフィクション　#高校生たち_アナザー_ワールド　#サバイバル_ストーリー

インスタグラムに投稿する文章とハッシュタグ（#）までつくってくれました。

ここまで、ウェブ小説をチャットGPTとともにどうつくるかを、企画、文章の作成、連載、マーケティングまで含め、丁寧に見てきました。

03 チャットGPTで、人文書も書ける

古典についての本を書いてみよう。今や、他ジャンルよりも手軽に書ける

古典についての本も書けます。

私が古典の本を書く？　どうやって？　と、あなたは疑問に思うでしょう。

それはなぜでしょうか？

古典にはほかの分野の本を書くよりも高い難易度が要求されるからです。

なぜ難易度が高いのでしょうか？　理由を大きくふたつに分けて説明します。

1 古典は、知識の習得自体がむずかしいため

哲学書のようなものは、内容自体の難易度が高いです。マルクスの『資本論』、カントの『純粋理性批判』などは、内容のむずかしさもさることながら、読むのも大変です。読んでもその意味を完全に理解するのは困難です。

2 量が多く、知識が身につくまでに多くの時間を消耗する

これはひとつ目の理由とも関連します。

カントの哲学を普通の会社員が勉強して、他人に説明できるほどになろうとすれば、集中的に5年は勉強しなければならないでしょう。このような理由から、哲学や古典の本を書く作家の大部分が大学教授です。

彼らが生涯研究して書いた本なのです。

こうしたむずかしさがあるにもかかわらず、我々にも書けてしまいます。

どうやって?

チャットGPTとともに書くのです。

チャットGPTは哲学者3人の会話もつくれる

あなたは、人類の偉大な哲学者3名が見つめた、生と死についての本を書くことにします。

タイトルは『三大哲学者とともに生と死を論じる』です。

まず、人類の三大哲学者をお呼びしようと思います。

質問：

偉大な哲学者を3名選んで。

チャットGPTの答え：

プラトン：歴史上もっとも影響力のある哲学者のうちのひとりであるプラトンは、ソクラテスの弟子で、西欧世界で最初の高等教育機関アテネアカデミーの設立者です。

アリストテレス：もうひとりの古代ギリシャの哲学者、アリストテレスは、プラトンの弟子で、アレキサンドロス大王の師匠でした。

カント： 18世紀のドイツの哲学者カントは、認識論、形而上学、倫理学および美学の分野で有名です。

では、この方たちが人間の生をどのように見つめているのか、尋ねてみます。

質問：

この3人の哲学者が、人間の生にどのような定義を下すのか、互いに質問して答える内容をつくって。

チャットGPTの答え：

プラトン： 人間をより深く探求するために、人間の生を定義する方法について考えることが重要です。我々を人間たらしめ、他の存在と区別するものは何でしょうか?

アリストテレス： 私は、人間の生は合理性と自己省察の能力に特徴づけられると考えます。

カント： 理性と省察の重要性については同意します。しかし人間の生は、道徳的選択の意思に対する我々の能力によって定義されます。

読んでいるだけで、知識の海に溺れてしまいそうです。ここからは、彼らに死について尋ねてみましょう。

質問：

この3人の哲学者が、人間の死にどのような定義を下すのか、互いに質問して答える内容をつくって。

チャットGPTの答え：

プラトン：人間の生の本質を熟考するとき、人間の死についての問いも考えることが重要です。我々を人間たらしめるものは何であり、いつ人間でなくなるのでしょうか?

アリストテレス：私は、死は身体の生命学的機能の終わりを意味しますが、かならずしもその人の本質の終わりを意味するものではないと考えます。

カント：我々がこの世に及ぼす影響は死後も継続することに同意はしますが、死の痕跡は我々の存在の終わりです。

まるで古代ギリシャのアゴラで、熱い討論がなされたようです。

こうしてストーリーを進めていき、生、死に加えて、はたして魂はあるのか？　人間にとって宗教とは何なのか？　などを聞いていきます。質問ひとつあたり、ひとつの項目にします。このようにして1冊の本をつくることもできます。

いかがでしたか？　チャットGPTの答えを編集すればいいだけです。

全体的な流れを理解してさえいれば大丈夫です。

質問と答えで哲学的思考をし、みずから学んでいくだけです。

ウェブ小説、エッセイよりも書きやすいかもしれません。

企画して編集すればできあがりです。さあ実践しましょう。

04 チャットGPTで、採用面接に合格する自己PRを作成する

採用のための自己PRの基本は自分を知り、会社を知り、仕事を知ることから

- 名前：キム・チョルス
- 年齢：満27歳
- 学歴：韓国大学電気工学科卒業
- 性格：誠実で寡黙
- 志望会社と分野：韓国電力公社、施設管理

キム・チョルスという架空の人物で、就職のための自己PRをチャットGPTとともに作成していきます。自己紹介書に共通する質問である、性格の長所短所、志望動機を作成しましょう。

長所と短所をつくってもらおう

長所は、会社や職務に関係することを書きます。

開発者なら几帳面さを、施設管理職なら誠実さを、マーケティングならポンポンと浮かんでくる発想力を、長所として書くといいでしょう。

キム・チョルスは施設管理職志望なので、創意性より誠実さや勤勉さを強調するようにチャットGPTに要請します。

質問：
就職のための自己PRで使う性格の長所と短所を短く作成して。
私は満27歳の男性で、韓国大学電気工学科を卒業し、韓国の韓国電力公社の施設管

理分野を志望する。長所は誠実で勤勉なところ。
学生時代、一度も遅刻や欠席をしなかったという内容をエピソードとして入れて書いてほしい。短所は、とても几帳面なために仕事に時間がかかるという内容で書いて。

チャットGPTの答え：

学生時代、けっして遅刻や欠席をしなかったのは、私の強い職業倫理の表れです。時間を厳守し、出席することで、まわりには強い責任感の持ち主であるといわれ、信頼を得ました。

しかし、完璧主義で、ちょっとした仕事にもかなりの集中力を使うため、ときどき必要以上の時間がかかることがあります。これは一部の人には短所に見えるかもしれません。

志望動機を書く

志望動機も会社の職務や、会社に合わせて書くのがいいでしょう。

自己PRを書く

質問：

自己紹介書の志望動機だけを5行で短く作成してほしい。私は満27歳の男性で、韓国大学電気工学科を卒業し、韓国の韓国電力公社の施設管理分野を志望する。

電気に強い関心があり、韓国電力公社は韓国のすべての電気を管理するところなので、入社することで国民に奉仕できるので志望した、という内容を入れて書いて。

チャットGPTの答え：

私の学問的バックボーンと職業的関心事が一致する韓国電力公社の施設管理職を志望することができ、うれしく思います。

電気工学に対する私の情熱と卓越さは、この職に合っています。私の技術で組織に寄与する機会を得られることに興奮しています。また、業界を先導する韓国電力公社のように、社会にポジティブな影響を与えられるチームの一員になることを熱望します。

チャットGPTの長所は脈絡を理解することだと説明しました。**チャットGPTが今までの内容を記憶しています**。質問項目の最後に、これまでのすべての内容を整理して「自己PRを書いてほしい」と入力すれば、前のエピソードが盛り込まれた自己PRの出来上がりです。

あなたはチャットGPTがつくり出したストーリーを書けばいいのです。

このように項目別にエピソードを入れてストーリーをつむいでいき、最後に総合的な作成を要求するのも方法です。

あるいは、項目ごとに編集して書くのもいいでしょう。

総合的な作成を要求してみます。

質問：

今までの質問をすべて合わせて自己紹介書を作成して。

チャットGPTの答え：

採用ご担当者様

韓国電力公社の施設管理職を志望できることをうれしく思います。私の教育、経験、そ

して個人的な資質が適合していると考えるためです。

韓国大学電気工学科を卒業した私は、電機システムに対する深い理解と、この分野への強い情熱を持っています。私の献身と努力は、学生時代に一度も遅刻や欠席をしなかった記録からも明らかで、学業の経歴全般にもはっきりと表れています。

私の几帳面な性格が、時として業務に必要以上の時間を割くことになることは認めます。しかし、すぐれた仕事をするための私の献身と細部への関心は、どこのチームでも大切な財産となると信じています。

私の自己PRを読んでくださってありがとうございます。御社とさらに詳しくお話できる機会をお待ちしております。

ありがとうございました。


チャットGPTの答えを見ると、前にした質問と答えの内容が適切に盛り込まれています。単に「自己PRを書いて」という頼むのではなく、自分の感情をどのエピソードに織り交ぜるかを考えて、チャットGPTに書くネタを与えるのがポイントです。

05 チャットGPTで夢を叶えよう

チャットGPTを使うときに必要なのは、書かれたものを見る能力と調整する能力

ここまでチャットGPTとともにさまざまな文章を書く方法を見てきました。この過程から6つの気づきがあります。

—1— ほかの人工知能とともに活用すれば、さらに大きな力を発揮できる
（DALLE—2、Pictoryなどのイメージや映像をつくる人工知能）

—2— ひとりでも出版、映像編集、マーケティングなどが可能

（チャットGPTが補助の役割をしてくれ、かなり簡単にできる）

- **ー3ーうまく質問すれば、いい答えが返ってくる**
- **ー4ー文章を書くことよりも、企画するときのほうが多くのアイディアを得られる**
- **ー5ー質問するときに基本的な「いい文章を書く方法」が徹底されていなければ、チャットGPTの文章を目的に合わせて再加工できない**
- **ー6ー自分がやると決心して実践すれば、どんなことでもできる**

大切なのは5と6です。

チャットGPTが文章を書いてくれるとはいえ、自分が望む通り、正確には書いてはくれません。

自分が追求する方向性（暗さや明るさ、直接的な話法と間接的な話法など）に合わせて文章を解体し、ふたたび組み立てて細かい調節をしなければなりません。

一度で相手に自分の意図を伝え、理解させ、説得するためには、文章を整えてまた整えなければならないのです。**書かれたものを見る能力と書く能力を伸ばしましょう。**

チャットGPTが文章を考えてくれても、結局はLEVEL1〜6の基本の作文を徹底

して身につけることが必要なのです。

人工知能の無限の発達により、これから創作の作業環境がどのように変わってゆくのかはわかりません。

しかし、私たちがやるべきことは、見ているだけではなくて、何かしら行動することです。

時代の変化の流れにともに乗りましょう。そのはじまりは、文章の創作からです。

いいコンテンツはすべて文章から始まる

チャットGPTのような人工知能が、ものすごいスピードで増えています。

Pictoryのようなサイトでは動画を、DALLE―2では絵を描いてくれます。文字通り、創作がより一層手軽にできます。これからは人工知能が映像までつくるかもしれません。

すでにグーグルでは、1秒あたり24フレームで動画を完成させる〈イマジンビデオ〉を出しています。

風船が飛んでゆき、動物園に落ちる映像でした、シナリオさえうまくつくれれば、部屋の片隅で映画をつくれるようになる未来も、そう遠くはなさそうです。

シナリオを書いて映画会社を探すのではなく、自分で直接映画をつくってYouTubeに投稿する時代に到達したのです。

人工知能に命令される者として生きるのか？
人工知能に命令するコンテンツクリエーターとして生きるのか？

これは、本の冒頭でお話した通り、文章を書くか書かないかで分けられるでしょう。

文章だけ書いて何になるのか、と思いますか？

偉大なＳＦ映画『アバター』の監督ジェームズ・キャメロンは、『ターミネーター』と『アバター』のシナリオを直接書きました。しかも、『ターミネーター』を書いた当時はお金がなくて車の中で書いたといいます。

伝説の格闘映画『ロッキー』のシナリオはシルベスター・スタローンが書きました。

偉大なクリエーターたちのはじまりは文章だったのです。

あなたがチャットＧＰＴとともにつくったシナリオを部屋の片隅で映画化し、YouTubeに投稿したら、部屋の片隅から出発する映画監督になるかもしれませんし、運が良ければ偉大な映画監督の名声を得られるかもしれません。

これらすべてのはじまりは文章です。

コンテンツの源泉は小さな文章から始まるということを肝に銘じて、文章を書きましょう。

今日、今すぐにです。

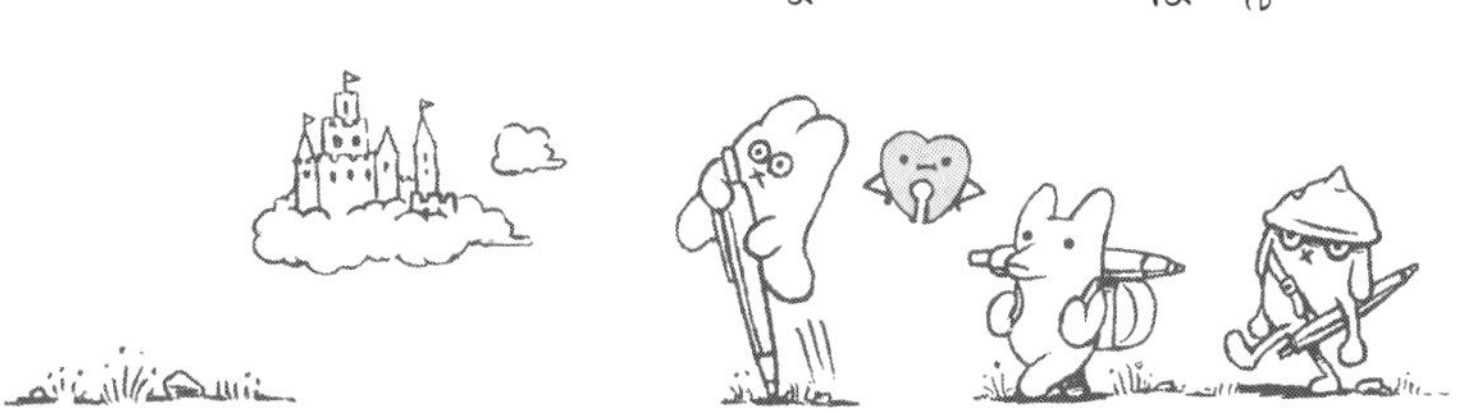

エピローグ

経済的自由への道は文章力から

「経済的自由を得たければ、読書をして文章を書きましょう」

誰の言葉でしょうか？

これは、『逆行者』を書いたジャチョンがインタビューや講義で強調し続けている言葉です。ジャチョンは「一代で財を成した青年」であり、弱者でした。

貧しく平凡だった彼を20億ウォン〈約2億円〉の資産家にした力は何だったのでしょうか？

彼が言う読書と文章だったのでしょうか？

その通り、読書と文章です。

成功の一歩は近くにある、とジャチョンはインタビューのたびに強調しています。

さらに、事業をしようとする人が関連本も読まないで、思考を拡張するための文章も書かずに、事業を始められるわけがない、もどかしい、と言っています。

読書と文章を書くことにはどのような秘密があって、ジャチョンを20億ウォン〈約2億円〉の資産家へと変えたのでしょうか？

文章を書く思考は、事業を進行する思考と同じです。

「習得し、運用し、創意し、実現する。読書で知識を習得し、思考を拡張し、融合と批判をし、文章としてアウトプットする」

このように、ふたつとも同じサイクルを持っているのです。

読書をして文章を書く脳の思考が拡張すると、事業と連携されます。

これは論理の飛躍でしょうか？

『二十一世紀の知識課題』（未邦訳）のピーター・ドラッカー、『「紫の牛」を売れ！』（門田美鈴訳、ダイヤモンド社、2004年）のセス・ゴーディン、『金持ち父さん貧乏父さん』のロバート・

キヨサキ、『ファストレーンのお金持ち』〈サミー・コイワ訳、花泉社、2013年〉のエムジェー・デマルコ。

彼らは億万長者でありながら、世界的ベストセラーを著述した作家たちです。経営者であり、実業家であり、ベストセラー作家です。

韓国には、資産千億ウォン〈約100億円〉の実業家が若者に向けて自身を語った本『Say No の教え』を書いたセイノーがいます。

読書をして、事業の基本知識を習得し、これらを系統立てて整理します。事業について深く洞察していれば、ビジネスで成功しないわけがありません。これが作文の効果の証明です。

人生を変えたければ一行書くことから

あなたが文章をつくる、しかも売れる文章をつくるといっても、すぐに変化はないでしょう。

しかし、思考の変化として、あなたは第2の人生を生きているはずです。

「書くために読め、読んだら書け」コ・ミスク作家の言葉の通り、読んだら書かなければならず、書くためには読まなければなりません。

人間がつくり出したもっとも高貴なことが、読むことと書くことです。

本書は書くことに重点を置いた本です。**ところが、書くためには読まなければなりません**。書かずに読んでばかりいては偏食になってしまいます。本を読んでも何も残らないのは、書いていないからです。

私たちは偏食の人生を送ってきました。お話した通り、読書と作文のふたつは片方の翼しかない比翼の鳥なのです。ふたつはいつでも一緒に進まなければなりません。

読んで書いて、あなたの人生の翼を広げて飛び立ちましょう。

「明日やろう、いつかやろう」と先延ばしにしないでください。それは自分の人生を部屋の片隅に追いやってしまうことと同じです。

本を読んだら、本の余白に自分の意見を書くことから始めましょう。本の最後のページに書評を残しましょう。

ブログに入力してアップするのが面倒なら、写真を撮って投稿しましょう。
ひとつもむずかしくありません。ただ実践するのみです。
無造作に書いた一文字が、あなたの人生を変えます。
書かなければ人生は変わりません。

実践で人生を変えた人たち

・『あなたにそっと教える夢をかなえる方式』（吉川南訳、サンマーク出版、２００９年）／イ・ジソン、借金を抱えていた小学校の教師時代にこつこつと文章を読んで書き、『女ならヒラリーのように』（未邦訳）という本でベストセラー作家となった。
・『オンニの毒舌』（未邦訳）／キム・ミギョン、平凡な講師だったが、ＩＭＦ危機の時代の『私はＩＭＦが好き』（未邦訳）という本で有名講師となった。現在、ＭＫＹＵというオンライン生涯学習教室の学長を務めている。
・『ハリー・ポッター』シリーズ／Ｊ・Ｋ・ローリング、離婚後、ミルク代もないなか『ハリー・ポッター』シリーズがベストセラーとなり、世界的な大富豪になった。

・『新装版 成功哲学』（田中孝顕訳、きこ書房、２０２０年）／ナポレオン・ヒル、雑誌社の記者だったが、アンドリュー・カーネギーの遺志を継いで、お金持ち５０７名に会い、成功の法則を整理した本を出版。世界的な成功学の講師となった。

・『全知的な読者の視点から』／singNsong、夫婦のウェブ小説作家。ウェブ小説を掲載し続け『全知的な読者の視点から』で１００億ウォン〈約10億円〉を売り上げた。

このように、作文で直接的に人生を変えた人はいます。

そして、ジャチョンのように、作文を思考拡張の道具として経済的自由を享受する人はこれからさらに増えるでしょう。

あなたが文章を書くのは、浴槽にスプーンでお湯を張るのと同じです。

一日に一行ずつ、一週間に一枚ずつ書いたものが集まれば、１年経てば、10年経てば、浴槽の湯はどのくらいになるでしょうか？

今は微々たるものでも、時間の蓄積はあなたにまた別の人生を与えてくれるはずです。

今すぐ書いて挑戦してください。変化した未来が待っています。

著者プロフィール

ナムグン・ヨンフン

作家。大量の本を読み、独学で書くことを覚えた。文章を書きつづけていたら本を何冊か出版。書き方の講義や個人授業もしている。休まず書くことで、一日一日ちがう自分に成長している。『特許　知的財産権で一生稼ぐ』、『ハーバードキッズ上位1パーセントの秘密、リスニング、スピーキング、リーディング、ライティングに集中せよ』、電子書籍で『航空整備士　回転翼免許　口述試験対策』など韓国のさまざまな分野で本を出版。ベストセラーおよびステディセラーにした。また、小説や童話で韓国のさまざまな賞に入賞する。

訳者プロフィール

松原 佳澄（まつばら かすみ）

翻訳者。中央大学法学部法律学科卒業。韓国外国語大学韓国語文化教育院で韓国語を学ぶ。共訳書に『詩人キム・ソヨン　一文字の辞典』（キム・ソヨン著、姜信子監訳、一文字辞典翻訳委員会訳、CUON)、『奥歯を噛みしめる』（キム・ソヨン著、姜信子監訳、奥歯翻訳委員会訳、かたばみ書房）がある。2022年、『詩人キム・ソヨン　一文字の辞典』で、第8回日本翻訳大賞を受賞。

みんなが読みたがる文章

2024年9月17日　第1版第1刷発行
2024年11月25日　第1版第2刷発行

著者	ナムグン・ヨンフン
翻訳者	松原 佳澄
発行者	中川 ヒロミ
発行	株式会社日経BP
発売	株式会社日経BPマーケティング 〒105-8308　東京都港区虎ノ門4-3-12 https://bookplus.nikkei.com
ブックデザイン	矢部あずさ（bitterdesign）
イラスト	妖次郎
校正	加藤 義廣（小柳商店）
編集	中野 亜海
本文DTP	フォレスト
印刷・製本	中央精版印刷

本書籍に関するお問い合わせ、ご連絡は下記にて承ります。
https://nkbp.jp/booksQA

ISBN 978-4-296-00195-8　Printed in Japan